Moeder nummer nul

Ander werk van Marjolijn Hof

Een kleine kans (2006) Gouden Griffel 2007; Gouden Uil 2007;
Gouden Uil, prijs van de jonge lezer 2007
Oversteken (2007)

Marjolijn Hof
Moeder nummer nul

Amsterdam · Antwerpen
Em. Querido's Uitgeverij BV
2008

www.marjolijnhof.wordpress.com
www.queridokind.nl

STICHTING NEDERLANDSE
KINDERJURY
2009

Eerste en tweede druk, 2008

De schrijver ontving voor het schrijven van dit boek een werkbeurs van het Fonds voor de Letteren.

Copyright text © 2008 by Marjolijn Hof. Niets uit deze uitgave mag worden verveelvoudigd en/of openbaar gemaakt, in enige vorm of op welke wijze ook, zonder voorafgaande schriftelijke toestemming van Em. Querido's Uitgeverij BV, Singel 262, 1016 AC Amsterdam.

Omslagontwerp: Studio Jan de Boer
Foto omslag: Otto Koetje

ISBN 978 90 451 0725 7 / NUR 283

I

Een voor een zijn we niet zo opvallend, maar wie ons samen ziet weet meteen dat er iets niet klopt. Mijn moeder is blond en ze heeft blauwe ogen. Mijn vader heeft grijze ogen, rossige stekeltjes en een kale plek achter op zijn hoofd. Mijn zus is Chinees. Ze heeft donkere ogen en zwart haar dat steil naar beneden hangt. En dan ben ik er nog. Mijn haar is bruin en plukkerig. Mijn moeder zegt dat ik honing-ogen heb. Dat klinkt nogal overdreven. Mijn ogen zijn bruin, maar niet bruin genoeg. Alsof de ogenkleur bijna op was toen ik werd gemaakt.

Bij ons thuis lijkt niemand op iemand anders. Dat is niet erg. Dat is altijd zo geweest, dus daar ben ik aan gewend. Onze namen, die zijn wel erg. De mijne is onhandig: Fejzo. Niemand weet hoe je dat uit moet spreken en daarom noemen ze me Fé. Daar schiet ik niets mee op want Fé is een meisjesnaam.

De naam van mijn zus is een ramp. Ze heet An Bing Wa. Zelfs Chinezen vinden dat merkwaardig. An Bing Wa betekent zoiets als Vredige IJsbaby. Mijn zus is in januari gevonden, in China, buiten in de vrieskou. Ze brachten haar naar een weeshuis en de mensen daar hebben haar IJsbaby genoemd. Iedereen noemt haar An, maar ik zeg altijd Bing en als ik haar kwaad wil maken noem ik haar IJsbaby.

'Jullie hadden ons een nieuwe naam moeten geven,' zei Bing een keer tegen mijn ouders.

'Dat wilden we niet,' zei mijn moeder.
'Waarom niet?' vroeg Bing.
'Omdat die namen bij jullie hoorden,' zei mijn vader.
'Omdat jullie alleen een naam hadden en verder niet zoveel,' zei mijn moeder.
'Maar we hadden wel íéts,' zei ik.
'Dat weet je,' zei mijn moeder. 'Jullie hadden kleertjes. En An had een eigen dekentje. En jij een piepbeest, Fé.'
'Vertel nog eens wat er met mijn dekentje is gebeurd,' zei Bing.
Mijn moeder schudde zachtjes met haar hoofd.
'Het was een drama,' zei mijn vader.
'Het was een heel vies dekentje,' zei mijn moeder. 'Ik stopte het in de wasmachine en toen is het uit elkaar gevallen.'
'Moest ik huilen?' vroeg Bing.
'Nee,' zei mijn vader. 'Ik geloof niet dat je het miste.'
'Ik moest wel huilen,' zei mijn moeder. 'Ik vond het zo erg. Het was jouw dekentje en ik had het verpest.'
'Ze bleef een week jammeren,' zei mijn vader. Hij deed mijn moeders stem na: 'O, dat dekentje! Dat arme dekentje!'
Ik hoefde niet naar mijn piepbeest te vragen. Het was nog heel. Het lag in de la onder mijn bed. Als je goed keek zag je dat het een hondje was. Er was te vaak in geknepen en er zaten deuken in.

Toen ik in groep vijf zat, hadden we het over kinderen krijgen en over moeders. Over wat een grootmoeder was en een overgrootmoeder en een bet-overgrootmoeder. Ik had een schema gekregen met lege hokjes. Ik moest iedereen ergens invullen. Dat vond ik fijn want ik hou van dingen op een rijtje zetten. Ik begon bij mezelf. Daarna ging ik naar het hokje van mijn moeder. Ik wist niet hoe ik verder moest.

'Ik ben geadopteerd,' zei ik tegen de juf.

'Dat hindert niet,' zei ze. 'Dan maken we er gewoon een hokje bij.'

Mijn schema kreeg twee moederhokjes. In het ene hokje schreef ik: *moeder 1*, dat was mijn eerste moeder. In het andere hokje schreef ik: *moeder 2*, dat was mijn moeder van nu. Ik kreeg meteen spijt. Mijn moeder van nu was plotseling nummer twee geworden. Snel, voordat de juf het kon lezen, gumde ik alles uit en vulde de hokjes opnieuw in. In het eerste hokje schreef ik: *moeder 0*. In het tweede hokje: *moeder 1*.

'Ben ik van jou of eigenlijk toch niet?' vroeg ik aan mijn moeder toen ik uit school kwam.

'Je bent mijn zoon,' antwoordde ze. 'Voor altijd. Je komt alleen uit de buik van iemand anders.'

Ik was blij dat ze moeder nummer één was. Als iemand me vroeg hoe het was om geadopteerd te zijn, legde ik het uit op haar manier. Ik zei dat ik in een andere buik had gezeten.

Natuurlijk was ik wel eens nieuwsgierig naar moeder nummer nul. Maar nooit heel erg. Ik hoorde bij mijn vader en moeder van nu, ook al was ik ergens anders geboren.

Ik denk dat Bing vanaf het begin nieuwsgieriger was. In haar kamer hing een Chinese parasol aan het plafond en ze had een Chinese pyjama.

'Waarom neem je geen Chinese tattoo?' zei ik.
Ze wees naar haar billen. 'Hier?'
'Nee!' zei mijn moeder.
'Ja daar,' zei ik. 'Doe maar een draak.'
'Maar dan wel een grote,' zei Bing. 'Aan zo'n klein draakje heb je niks, dat valt niet op.'
'Groot en gekleurd,' zei ik. 'Dat valt op. Rood, groen en blauw.'
'En geel,' zei Bing.
Mijn moeder keek opgelucht. 'Nu maak je het te erg. Nu geloof ik er niks meer van.'
'Te erg?' zei Bing. 'Het zijn míjn billen en ik mag ermee doen wat ik wil.'
'Ze zijn ook een beetje van mij,' zei mijn moeder. 'Ik heb ze jarenlang voor je afgeveegd.'
'Dat doen alle moeders,' zei Bing. 'Daar is helemaal niets bijzonders aan.'

Bing is de oudste. Vlak voor haar eerste verjaardag stapten mijn vader en moeder in het vliegtuig. Ze gingen Bing uit China halen. In het weeshuis zongen ze 'Lang zal ze leven' en Bing begon als een gek te krijsen. Dat heeft mijn moeder al meer dan honderd keer verteld. Niet alle verhalen die ze vertelt zijn waar, maar dit wel. Als je mijn moeder hoort zingen begrijp je waarom.

Ik kwam later. Mijn ouders hoefden niet op reis: ik ben in Nederland geboren. Toch kom ik net als Bing uit het buitenland. Mijn moeder nummer nul woonde in Bosnië en ik zat in haar buik. Moeder nummer nul wilde geen baby. Ze kon niet voor me zorgen en daarom heeft ze me weggegeven. Gelukkig gaf ze me niet aan iemand in haar eigen land, want daar was het oorlog en er waren veel te veel problemen. Ze was zo slim om hiernaartoe te komen en ik reisde mee in haar buik.

Soms dacht ik na over hoe het had kúnnen zijn. Dan stelde ik me een land voor met kapotgeschoten huizen. In zo'n huis had ik misschien gewoond als mijn moeder in Bosnië was gebleven. Maar meestal zaten die gedachten ergens diep verstopt in mijn hoofd. Alle kinderen kwamen uit een buik en niemand kon zich dat nog herinneren. Wat maakte het dan uit, de ene buik of de andere? De ene plek of de andere?

2

We gingen naar het park. Hamid wilde doeltrappen, hij had de leren voetbal van zijn broer geleend. Jesse had een Ajax-sjaal om zijn hoofd geknoopt. Op weg naar de ingang probeerde hij de bal hoog te houden, maar het ging steeds mis.

Ik had mijn tekenspullen bij me. Ik wilde bij de vogels kijken.

Aan het begin van het park staan de vogelhokken. Er zit van alles in: parkieten en nog veel meer. Ik ben niet zo goed in de namen van kleine vogeltjes. Het zijn van die zenuwachtige fladderbeestjes. De grote vogels, daar gaat het om. Die ken ik stuk voor stuk. Er zijn kippen, kalkoenen en parelhoenders en zelfs een paar pauwen. Ze lopen los rond.

'Je zou gaan keepen,' zei Jesse.

Een dikke grijze kalkoen lag doodstil in het gras te wachten.

'Straks,' zei ik.

'Geloof je het zelf?' zei Jesse.

'Laat hem,' zei Hamid.

Hij trok Jesse mee en samen liepen ze verder. Aan het eind van het pad lag de brug naar het veld. Ik wist dat ze niet boos waren. Ze zijn eraan gewend. Ik ken ze vanaf groep één en ze weten hoe ik ben.

Op mijn vaste plek zat een meisje. Ik kon beter ergens anders gaan zitten, maar dat bedacht ik te laat.

Ik had mezelf al op de bank laten zakken, vlak naast haar, en ik durfde niet meteen weer op te staan.

'Wat kom je doen?' vroeg ze.

Ik deed net alsof ik haar niet hoorde. Ik haalde een potlood uit de zak van mijn jack.

'Je gaat tekenen,' zei ze.

Omdat ik niet de hele tijd kon doen of ik haar niet hoorde, zei ik: 'Goed geraden.'

Ik teken graag vogels. Omdat ze ingewikkeld zijn. In het begin zien ze er nogal rommelig uit. Neem bijvoorbeeld kippen: die lopen maar zo'n beetje rond. Je hebt geen idee wat ze van plan zijn en het kan je eerst ook niet zoveel schelen, want zo opwindend is het leven van een kip nou ook weer niet. Pas als je goed kijkt zie je hoe mooi die beesten in elkaar zitten. De veren liggen op een speciale manier over elkaar heen. Het is veel werk om ze te tekenen, maar dat vind ik juist fijn. Er zit een systeem in en toch moet je het iedere keer weer opnieuw ontdekken. Als je begint te tekenen, klopt alles aan een kip. Ik teken ook graag andere beesten, maar die lopen niet los. Meestal horen er mensen bij.

Jesse probeerde me wel eens een auto te laten tekenen. Ik ben slecht in auto's. Op de een of andere manier wil een auto nooit lukken. Auto's zijn wat ze zijn. Meteen al. Je hoeft er helemaal niet goed naar te kijken.

'Knap,' zei het meisje.

'Ja hoor.'

'Echt.' Ze wees naar mijn tekening en daarna naar

de kalkoen, die was opgestaan en een eindje verderop rondstapte. 'Die is het, dat zie ik zo.'

Ik tekende verder zonder iets te zeggen.

'Kalkoenen vind ik het mooist,' zei ze. 'Ze hebben lelijke koppen, maar de rest is mooi. De veren zijn zo speciaal en het zijn...' Ze aarzelde even. 'Kransjes. Een soort kransjes boven elkaar.'

Ik keek voorzichtig opzij. Ze had blond haar. Het was heel kort.

'Vind je dat gek?' vroeg ze.

Ik wist niet wat ze bedoelde.

'Dat ik kalkoenen mooi vind.'

'Nee,' zei ik. Ik had nog nooit een meisje ontmoet dat kalkoenen mooi vond, maar ik vond het niet gek.

'Hoe heet je?' vroeg ze.

Ik twijfelde tussen Fejzo en Fé. Ik koos voor Fé.

'Mooie naam,' zei ze. 'Ik heet Maud.'

'Mooie naam,' zei ik ook maar.

'Ik moet naar huis,' zei ze. 'Helpen met de dozen.'

'Welke dozen?'

'De dozen waar alles in zit. We zijn hier nog maar net.' Ze draaide haar gezicht naar me toe. 'Het was leuk dat je bij me kwam zitten.'

'Ik zit altijd hier.'

'Hoe heet dit park?' vroeg ze.

'Het Agathepark.'

'Wie is Agathe?'

Ik haalde mijn schouders op.

'En Fred Walton?' vroeg ze. 'Wie is dat?'

'Geen idee,' zei ik.

'Ik woon in de Fred Waltonlaan,' zei ze. 'Vandaar.'

Thuis wilde ik op internet, maar Bing zat in de computerkamer op zolder en ze was niet van plan daar weg te gaan. Ze zei dat ze haar huiswerk zat te maken.

'Niet,' zei ik. Ze was een berichtje aan het typen en het zag er niet erg huiswerkachtig uit.

'Ik zit er nog maar net,' zei Bing.

'Echt niet.'

Ik blufte, maar de kans was groot dat het klopte. Ik was de hele middag in het park geweest. Nadat Maud naar huis was gegaan had ik een tijd voor Hamid en Jesse gekeept en al die tijd had Bing de computer voor zichzelf gehad.

Ze maakte zo min mogelijk plaats. Ze ging vlak achter de bureaustoel staan en bleef over mijn schouder meekijken, zodat ik snapte dat ik op moest schieten.

'Als ik een onvoldoende krijg is het jouw schuld,' zei ze.

Gehaast tikte ik *Fred Walton* in het zoekscherm. Bing kreeg vaak een onvoldoende en ik wilde nergens de schuld van krijgen.

Er waren drie Fred Waltons. De eerste was een Amerikaanse filmregisseur, de tweede een rolstoelverkoper en de derde was de uitvinder van het linoleum. Ik wist meteen dat nummer drie bij de Fred Waltonlaan hoorde. Een eind verderop, aan de overkant van het spoor, stond de linoleumfabriek.

Het was goed dat ik het had opgezocht, want de volgende dag zat Maud weer op mijn bank.

'Wil je weten wie Fred Walton was?' vroeg ik.

'Nou?' zei ze. 'Wie was het?'
'De uitvinder van het linoleum.'
'Ik wist niet dat daar een uitvinder bij hoorde.'
Ik ging naast haar zitten. Mijn tekenboek legde ik tussen ons in. 'Bij alles hoort een uitvinder.'
Ze knikte. 'Maar linoleum is zo niks.'
Het was een tijdje stil. Het was mijn beurt om iets te zeggen, maar ik kon niets bedenken. Ik keek voor het eerst goed naar Mauds gezicht. Ik zag sproeten en de blonde haartjes van haar wenkbrauwen. Ik zag haar oren. Er zaten kleine ringetjes in. Ik keek heel even naar haar ogen. Ze waren blauw en ze keken terug.
'Mag ik je tekeningen zien?' vroeg ze.
Ik schoof het tekenboek een stukje naar haar toe.
Ze pakte het en sloeg de bladen een voor een om. 'Vogels en vogels en vogels. Is het voor school?'
'Nee,' zei ik. 'Voor mezelf.'
'Deze is mooi geworden.' Ze legde haar hand op de tekening van de kalkoen. Ze had dunne vingers. Ik bleef ernaar kijken omdat ik niet nog een keer naar haar ogen wilde kijken. Er was opeens zoveel meisjesachtigheid. Ik stond op.
'Wat ga je doen?' vroeg ze.
'Niks bijzonders.' Ik rende het pad af en de brug over naar het speelveld.

Hamid en Jesse zaten boven op het voetbaldoel. Jesse tikte met een steentje op het ijzer.
'Wie is dat kind?' vroeg Hamid.
'Welk kind?'
'Dat kind waar je mee zat te praten.'
'Gewoon iemand,' zei ik. 'Weet ik veel.'

'Heeft ze tieten?' vroeg Jesse.

'Borsten,' zei ik.

Hamid sprong van het doel af. 'Als je wil weten of een meisje tieten heeft,' zei hij tegen Jesse, 'dan ga je zelf maar kijken.'

'Borsten,' zei ik.

'Dat is niet nodig,' zei Jesse. 'Ze komt hierheen.'

Ik draaide me om. Jesse had gelijk: Maud kwam eraan. Ze was al over de brug. Ze had mijn tekenboek onder haar arm. Ik sprintte naar het pad. Toen ik er was, hijgde ik een beetje.

Maud stak het tekenboek naar voren. 'Je was het vergeten.'

'Dankjewel,' zei ik zonder iets te doen. Nu ze voor me stond, zag ik dat ze een stuk langer was dan ik. Ze had geen borsten. Bijna niet. Ik wilde er niet op letten, maar ik deed het toch. Twee kleine heuveltjes onder haar T-shirt, dat was alles.

'En wie hebben we daar?' zei Jesse.

Bing zwikzwakte over de brug. Ze wilde schoenen met hoge hakken aan, of ze er nu op lopen kon of niet.

'Naar huis!' riep ze.

'Hoezo?' riep ik terug.

'Het moet!'

'Waarom?'

'Je moet naar het wrattenspreekuur!' riep Bing. 'Dáárom!'

Ik keek om me heen. Zo verbaasd mogelijk. Had ze het tegen mij? Nee toch zeker? Ik had geen idéé waar het over ging.

'Het wrat-ten-spreek-uur!' riep Bing. 'Ben je doof of zo?'

'Wie is dat?' vroeg Maud.

'M'n zus,' zei ik. Mijn stem schoot uit. Ik griste het tekenboek uit haar handen.

Op weg naar de brug gaf ik Bing een duw. 'Je wordt bedankt, IJsbaby.'

3

Bing had de afwasbeurt en ik vertikte het om haar te helpen.
 'Ik ben weg,' zei ik tegen mijn vader.
 'Acht uur thuis?'
 'Negen uur.'
 'Kwart over acht,' zei mijn vader.
 'Dat is een kleutertijd.'
 'Je bent ook een kleuter!' riep Bing vanuit de keuken.
 We hadden bloemkool gegeten en de kaassauspan was aangekoekt. Die kon niet in de afwasmachine. Bing was voorlopig nog niet klaar.

Ik liep over de Eikenlaan naar het park. Ik wist dat er niemand anders zou zijn. Niemand die ik kende, bedoel ik. Hamid ging bijna iedere avond zwemmen. Hij zat in het waterpoloteam en hij was bloedfanatiek. Jesse zag je na het avondeten nooit buiten. Ik had geen idee wat hij dan uitspookte.
 Op het lange pad naar de brug liep een vrouw met een hond. Ik sloeg rechtsaf naar de vogelhokken.
 Eerst keek ik of de zwerver er was. Meestal zat hij onderuitgezakt op een bank. Af en toe stond hij bij de eendenvijver. Jesse noemde hem een broodjatter, een vuile broodjatter. Mij kon het niet schelen. De eenden waren dik zat. De broodjatter mocht net zoveel brood jatten als hij wilde, zolang hij maar van mij afbleef.

Hij had een mes, zei Jesse. Hij jatte niet alleen het brood van de eenden maar ook de eenden zelf. Geen kalkoenen, want dat viel te veel op. De eenden slachtte hij met het mes en de botjes en de veren werden 's nachts door de ratten opgevreten.

Ik was altijd bang dat de broodjatter op een dag genoeg kreeg van brood en eenden. En dat hij, net op het moment dat ik in de buurt was, op het idee zou komen een jongen te gaan slachten. Ik wist dat het onzin was. Toch keek ik, als ik alleen naar het park ging, altijd eerst of hij in de buurt was. Voor de zekerheid.

Alle banken waren leeg. Ik ging op mijn vaste plek zitten. Mijn tekenspullen had ik thuisgelaten, maar dat hinderde niet. Kijken alleen was genoeg. Een pauw sleepte zijn staart over de grond. De grijze kalkoen wandelde op en neer.

Net toen ik een beetje zat weg te dromen, hoorde ik iets achter me. Voordat ik me om kon draaien, greep een hand me in mijn nek. De broodjatter! Heel even wist ik zeker dat hij het was. Hij wilde me wurgen en van schrik hield ik alvast mijn adem in. De hand was warm en de vingers waren dun. Ik hoorde gegiechel.

'Jee, wat schrok je,' zei Maud.

'Ik schrok niet,' zei ik. 'Waarom zou ik?'

'Je liegt,' zei ze.

'Nja,' zei ik. Dat kon ik goed: nee en ja zeggen tegelijk. Mijn moeder werd er soms gek van.

Maud kwam naast me zitten. 'Waar heb jij wratten?'

Ik schoof opzij.

'Laat eens zien?'

'Nee,' zei ik.

Ze peuterde aan haar schoenveter. Ze deed haar schoen uit en haar sok. Haar blote voet stak ze omhoog. Hij was lang en smal en groezelig aan de onderkant. Er zat een grote wrat op haar hiel.

'Deze heb ík,' zei ze. 'Ik moet naar de dokter, maar ik durf niet. Ik ben bang dat het pijn doet. Doet het pijn?'

'Het gaat wel. Niet te veel, een beetje maar.'

'Je zus is Chinees,' zei ze. 'Of Japans of zoiets.'

Ik kon haar niet bijhouden. Eerst ging het over wratten en nu over Bing.

'Dat zag ik meteen,' zei Maud.

'Ze is Chinees.'

'Is ze onecht?'

'Natuurlijk niet.' Soms wilde ik dat Bing niet bestond. Maar ik wilde niet dat iemand anders iets onaardigs over haar zei.

'Een onecht kind,' zei Maud, 'zo heet dat toch? Dat je moeder niet haar echte moeder is. Of is je moeder ook Chinees?'

'Mijn moeder is gewoon,' zei ik. 'Mijn zus is geadopteerd.'

'Dat dacht ik wel,' zei Maud. 'Goh.' Ze had haar voet op de zitting van het bankje gezet. 'Goh,' zei ze nog een keer. 'En jij dan?'

Ik wachtte even met het antwoord. Ik wist niet goed wat ik wel en wat ik niet wilde vertellen.

'Jij ook?' vroeg ze.

'Ja,' zei ik. 'We zijn allebei geadopteerd. Mijn zus en ik.'

Ze was er even stil van. Ze bewoog haar tenen op en neer.

De grijze kalkoen liep vlak langs de bank. Als ik mijn hand uitstak kon ik hem aaien, maar ik wist dat hij daar niet van hield. Zonder dat ik het ooit geprobeerd had. Iedereen weet dat kalkoenen niet van aaien houden.

'Maar waar kom jij dan vandaan?' vroeg Maud.
'Nederland.'
'Nederland?'
'Ik ben in Nederland geboren, maar ik kwam ergens anders vandaan.'
'Ik snap het niet,' zei ze.

Het ging haar niets aan. Ik keek naar haar friemeltenen en naar haar enkel en toen weer even naar haar gezicht: 'Omdat er een oorlog was,' zei ik. En omdat ik zag dat ze het nog niet snapte: 'Omdat alles kapot was. Omdat mijn moeder daar niet kon blijven.'
'O,' zei ze. 'Sorry.'
'Wat bedoel je?'
'Sorry van die oorlog en dat alles kapot was.'

Sorry was helemaal verkeerd. Sorry had niets te maken met mij en ook niet met moeder nummer nul.

Ze keek me nog steeds aan.

Zo lang kon ik niet terugkijken. Ik keek naar haar neus, naar de bovenkant van haar hoofd, naar haar oor, naar haar lip. Ik probeerde haar ogen over te slaan. Zomaar, van het ene moment op het andere, kreeg ik er genoeg van. Van de manier waarop ze sorry had gezegd en van de manier waarop ze naar me bleef kijken.

Ik wees naar mijn horloge. Het was net half acht geweest.

'Ik moet naar huis,' zei ik.

'Nu al?' vroeg Maud.

Ik wilde weglopen en haar in het park laten zitten, maar ik dacht aan de broodjatter. Misschien kreeg hij zin in een meisje. De botten van Maud zouden door de ratten opgevreten worden. En haar wrat. Die zou de broodjatter ook laten liggen. Niemand durfde een wrat in zijn mond te steken.

'Blijf je hier?' vroeg ik.

'Misschien.'

'Je kunt meelopen,' zei ik.

Ze trok haar sok en haar schoen aan. Ze had geen haast.

'Tot aan het stoplicht,' zei ik.

We liepen samen het park uit. Een stukje over de Eikenlaan tot aan de oversteekplaats. Maud slofte een beetje.

'Hoe is het als je geadopteerd bent?'

Ik vertelde het verhaal over de andere buik.

Het voetgangerslicht stond op groen. Ik wilde oversteken, maar Maud bleef op de stoeprand staan en omdat ze tegen me praatte bleef ik ook staan.

'Wil je het niet weten?' vroeg ze.

'Wat?'

'Wil je niet weten van wie die andere buik is?'

'Niet echt.'

Het licht sprong op rood.

'Ik zou het wel willen weten,' zei Maud. 'Ik zou er niet tegen kunnen om het niet te weten.'

Er reed één auto langs en daarna was het kruispunt leeg. Ik liep schuin naar de overkant in de richting van de supermarkt.

'Wacht even!' riep Maud.

Ik wachtte tot ze me had ingehaald.

'Waar woon je?'

Ik wapperde met mijn hand. 'Daar ergens.'

'Dáár?' zei ze, alsof ze dwars door de supermarkt heen kon kijken.

'Zo ongeveer,' zei ik.

Ze was een paar tellen stil en ik dacht dat ik nu wel door kon lopen.

'Ik vind je leuk,' zei ze plotseling.

Ik had geen idee wat ik terug moest zeggen. Ik had geen idee wat ik moest doen.

'Nou dag,' zei Maud.

'Dag,' zei ik.

Ze liep de ene kant op en ik de andere.

4

Het was nog veel te vroeg om te gaan slapen. Ik pakte het beestenboek uit mijn kast en ging met mijn kleren aan op bed liggen.

Het beestenboek was geheim. Een beetje geheim. Mijn vader en moeder wisten ervan en Bing ook. Verder niemand.

Het was begonnen met *De haas* van Dürer, een ansichtkaart die mijn vader een keer opstuurde toen hij in Wenen was. Een geschilderde haas van lang geleden, want Dürer leefde van veertienhonderdzoveel tot vijftienhonderdzoveel. Hij had de haas heel precies nageschilderd, je kon zien dat hij alles wilde laten kloppen. Alle haartjes waren verschillend: lang en pluizig bij de buik van de haas en kort en een beetje rommelig op zijn kop.

Later ontdekte ik dat er nog veel meer dierenschilders waren. Mijn vader en moeder gingen soms naar een museum en heel soms ging ik mee. Overal kochten we ansichtkaarten. Ik plakte ze in een boek en dat werd het beestenboek. De haas van Dürer was mijn lievelingskaart. Er was nog een andere kaart die ik erg mooi vond, een klein vogeltje dat bijna echt leek: *Het puttertje* van Fabritius.

Misschien was het beestenboek wel zoiets als een piepbeest of een dekentje. Ik sliep er soms mee onder mijn kussen. Dat wisten zelfs mijn vader en moeder en Bing niet.

Ik hield van de kaarten en van de manier waarop ik ze had ingeplakt. Steeds twee kaarten op een bladzijde, recht onder elkaar. Bij elke kaart schreef ik de naam van de schilder, steeds met dezelfde pen zodat alle namen dezelfde kleur hadden.

Ik bladerde door het beestenboek en ondertussen dacht ik aan Maud. Ik wilde liever niet aan haar denken. Ik wilde haar het liefst uit mijn hoofd laten verdwijnen. Of nog beter: uit het park. Kon ze niet ergens anders gaan rondhangen? Ze had gezegd dat ze me leuk vond. Ze had het zélf gezegd. Bij ons op school deed niemand dat, daar stuurde een meisje iemand uit de klas op je af. En dan hoefde je niets te doen. Je hoefde alleen maar ja of nee te zeggen en dat was alles. Hamid had ja gezegd en nu ging hij met een meisje, maar je zag ze nooit iets samen doen. Ze zeiden bijna geen woord tegen elkaar.

Maud deed het anders. Ze zat niet bij ons op school, maar dat maakte niet uit want ze hoefde niemand op me af te sturen. Ze zei gewoon midden op straat dat ze me leuk vond, zonder zich ergens iets van aan te trekken. Ik had niets teruggezegd, maar wat moest ik doen als ze er de volgende keer weer over begon?

We hadden een keer een merelnest in de tuin. Daar zaten jongen in. Ze zaten te piepen met wijd open snavels en de ouders moesten daar de hele dag eten in stoppen. Maud was net zo'n piepend mereljong. Ze zei dit en ze zei dat en ik moest de hele tijd met iets aan komen vliegen.

Halverwege het beestenboek had ik een zwart-wit kaart ingeplakt. Er stonden geiten op en slapende mensen en in het midden een pissende koe. *De pissende koe* van Nicolaes Berchem. Eigenlijk wilde ik geen kaarten waar mensen op stonden, maar de koe was geweldig en de mensen vielen bijna niet op. Vaak moest ik erom lachen, maar dit keer niet.

Ik legde het boek onder mijn kussen en probeerde in slaap te vallen. Van al die ingeplakte kaarten vlak bij mijn hoofd werden mijn hersens meestal rustig.

Iemand moest het licht op mijn kamer hebben uitgedaan, want halverwege de nacht werd ik in het donker wakker. Ik trok mijn kleren uit en kroop onder mijn dekbed.

De volgende morgen zei mijn moeder: 'Wat was dat nou? Ik kwam om twaalf uur kijken en toen lag je met je kleren aan te pruttelen.'

'Ik pruttel niet,' zei ik.

'O jawel,' zei ze. 'Je pruttelde en mompelde. Je was vreselijk onrustig.'

Mijn moeder had het goed gezien. Ik had onrustig geslapen. Het beestenboek had niet zoveel geholpen.

'Er was niets,' zei ik.

'Gaat alles goed?' vroeg mijn moeder.

'Nja,' zei ik.

Ze pakte mijn schouder vast.

'Nee of ja?'

'Nja,' zei ik.

Ze sloeg haar arm stevig om me heen en begon me te kietelen. 'Nee of ja?'

'Nja! Njajaja!'
'En nu maken dat je wegkomt,' zei ze.

Na schooltijd ging ik met Jesse en Hamid voetballen. We liepen langs de vogelhokken. Maud was er niet. Ik zag haar nergens.

Net over de brug lag een stel meiden op het gras. Ze hadden chips en blikjes cola en ze riepen 'Dag lekker ding' naar Jesse. Daarna kregen ze de slappe lach.

Jesse wipte de bal omhoog en liet hem van z'n ene voet op de andere stuiteren. Twee keer voordat het misging. Hij deed alsof het zo hoorde.

Hamid en Jesse begonnen aan een potje voetbal. Ik keepte en ik liet alle ballen door, ik dook naar links of naar rechts en altijd was het de verkeerde kant. De meiden bleven niet lang, ze slenterden naar de brug en lieten de lege blikjes in het gras liggen. Hamid en Jesse schopten een blikje heen en weer. Hamid mikte op het doel en ik dook de verkeerde hoek in.

'Je let niet op,' zei Hamid en hij had gelijk.

Ik lette niet op het blikje, ik lette vooral op de brug. Ik wist zeker dat Maud zou komen, maar ze kwam niet. Toen we naar huis gingen was het park bijna leeg, alleen de broodjatter was er nog.

Die avond was het mijn beurt om af te wassen. Ik had geluk: we hadden pizza's gegeten. Vier borden, bestek en een slakom, dat was alles. Ik hoefde de afwasmachine niet eens aan te zetten, want die was nog lang niet vol.

Bing werd boos. 'Je moet morgen nog een keer,' zei ze.

'Morgen ben jij aan de beurt,' zei ik.

'Fé heeft gelijk,' zei mijn vader tegen Bing. 'En ik ga morgen koken. Ik dacht aan drie soorten groente en saus en gebakken vis en een toetje met klontjesvla en gestoofde vruchten.'

Bing rende de trap op naar haar kamer. Ze sloeg de deur dicht.

'Was dat nou echt nodig?' vroeg mijn moeder.

'Ze moet tegen een geintje kunnen,' zei mijn vader.

Ik maakte dat ik wegkwam. Ik nam mijn tekenboek mee naar het park.

De broodjatter stond naar de eenden te loeren, maar er was geen reden om bang te zijn. Er waren genoeg andere mensen in de buurt. Bij de muziektent waren ze jeu de boules aan het spelen.

Twee parelhoenders liepen over het pad. Daar had ik niets aan. Beesten met stippen zijn te moeilijk. Stippen zien er altijd uit alsof je ze zelf verzonnen hebt. Gelukkig kwam er na een tijdje een pauw dichterbij. Ik pakte mijn potlood en probeerde alles na te tekenen, de kop, het lijf en als laatste de staart.

Af en toe keek ik naar het pad. Maud was er nog steeds niet. Ik dacht aan wat ze gezegd had over kalkoenen. Over de veren: kransjes boven elkaar. Ik hoopte dat ze zou komen. Eerst hoopte ik van niet, maar nu van wel. Ik wilde mijn tekening laten zien. Misschien hield ze niet alleen van kalkoenen, maar ook van pauwen.

Ik was al op weg naar de uitgang toen ze aan kwam lopen.

'Ik ging net weg,' zei ik.

Ze pakte het tekenboek uit mijn handen. 'Laat eens zien.'

De tekening van de pauw was nog niet klaar. De staart stond er maar half op.

Maud veegde voorzichtig met haar vinger over de lijntjes. 'Ik heb nagedacht.'

'O,' zei ik.

'Over je moeder,' zei ze. 'Je echte. Misschien is ze een beroemde kunstenaar.'

'Kunstenares.'

'Misschien is ze wereldberoemd.'

Ik strekte mijn handen uit omdat ik mijn tekenboek terug wilde, maar Maud trok het naar zich toe.

'Je moet het uitzoeken,' zei ze. 'Je kunt zó goed tekenen. Ik ken niemand die het zó goed kan. Dat moet je van je moeder hebben.'

'Hoe weet jij dat nou?' zei ik.

'Kan je zus tekenen?'

Ik dacht aan de blaadjes die Bing volkladderde.

'Nee.'

'En je vader en je moeder?'

'Nee.'

'Dat bedoel ik dus,' zei Maud. 'Je moet het van iemand hebben. Van háár.'

'Waarom?'

'Dat kan niet anders.'

We liepen naar de uitgang van het park. Maud hield het tekenboek vast.

'Geef maar,' zei ik omdat ik er niet uit wilde zien

als iemand die zijn eigen spullen niet kon dragen.

Maar Maud liep door tot aan de oversteekplaats. Daar duwde ze het tekenboek in mijn handen.

'Weet je,' zei ze.

Het voetgangerslicht stond op rood. Het was zo druk dat ik wel moest blijven staan. Ik was bang dat Maud weer zou gaan zeggen dat ze me leuk vond, maar ze zei iets anders.

'Je moet het laten uitzoeken. Dat kan. Kijk je wel eens naar *Spoorloos*? Dat komt elke week op tv. Ze gaan op zoek naar iemands vader of moeder en dan zie je hoe het afloopt.'

Mijn moeder wilde niet dat we naar dat soort programma's keken. *Spoorloos* was niet goed voor ons, zei ze. Aan het eind omhelsden alle opgespoorde vaders en moeders hun kinderen en dan begon iedereen te huilen. Als Bing ernaar keek, moest ze ook huilen en daarna kon ze er een hele tijd niet mee ophouden. Ik hield niet van programma's met huilende mensen en ik zat ook niet te wachten op een huilende Bing.

Maud had het meteen door. Kon ze mijn gedachten raden?

'Maar je kunt het ook zelf uitzoeken,' zei ze. 'Gewoon zelf, zonder tv en dat soort dingen. Dat kan toch?'

'Nja,' zei ik.

We staken over.

'Tot morgen?' zei Maud.

'Weet ik nog niet,' zei ik. 'Misschien ga ik voetballen.'

Ik liep langs de supermarkt naar huis. Halverwege keek ik achterom. Maud stond nog steeds bij het zebrapad. Ze stak haar hand omhoog en zwaaide. Ik zwaaide niet terug. Ik liep verder alsof het me niet zoveel kon schelen, maar ik voelde me kriebelig. Mijn lijf zal vol kleine zwaaiende handjes.

Op mijn kamer bladerde ik in het beestenboek.

Bing kwam binnen zonder kloppen. Niet helemaal, ze stak alleen haar hoofd om de hoek van de deur. Maar ze had moeten kloppen, want een hoofd is het belangrijkste. Als dat binnen is maakt de rest niet meer uit.

'Ben je weer terug?' vroeg Bing.

'Hoe raad je het,' zei ik.

'Was het lekker?'

'Wat?'

'Ik heb je door, Fé,' zei ze. 'Je bent verliefd. Hebben jullie zitten zoenen?'

Ik kreeg geen tijd om antwoord te geven, ze deed de deur dicht. Ik hoorde haar zingen op de gang. Een nepliedje dat ze zelf verzon.

Jongen,
Je zat te tongen,
Jongen,
Je zat te tongen.'

'IJsbaby!' riep ik.

'Je zat te bekken als een gek!' zong Bing.

'Niet waar!' riep ik.

'Sukkel!' riep ze terug.

Ik legde het beestenboek onder mijn kussen, maar ik wist dat het niet zou helpen. Mijn hersens hadden het druk. *De haas* van Dürer en *Het puttertje* van Fabritius en zelfs *De pissende koe* konden daar niets aan veranderen.

5

Ergens een nachtje over slapen, dat is de stomste uitdrukking die ik ken. Ergens een nachtje over slapen helpt niet. Niet bij mij. De volgende morgen werd ik wakker met een moe hoofd en een hoop vragen.

Er waren Maudvragen. Wat moest ik met haar? Was ik verliefd, zoals Bing had gezegd? Ik ging voor de spiegel staan en keek naar mijn gezicht. Het was bleek, maar verder viel er niets bijzonders aan te ontdekken. Kon je verliefd zijn zonder het zelf in de gaten te hebben?

En wat als Maud verliefd was? Het zoenliedje zat me nog het meeste dwars. Zoenen was het laatste waar ik zin in had, ook al beweerde Bing van wel. Zoenen was vreselijk goor. Je tong in iemands mond stoppen en dan iemands spuug proeven, ik moest er niet aan denken. Begonnen jongens met zoenen of deden meisjes dat ook wel eens? Ik kon het niet aan Bing vragen, want ik wist zeker dat ze zich rot zou lachen. En aan Hamid en Jesse wilde ik het niet vragen. Het ging ze niets aan en ze konden me toch niet helpen. Ze hadden geen verstand van zoenen, ik had ze er nog nooit iets over horen zeggen.

En er waren moedervragen. Was moeder nummer nul beroemd? Hield ik van tekenen omdat zij er ook van hield?

De zoenvraag zou vanzelf een antwoord krijgen, dat snapte ik ook wel. Ik bedoel, iedereen gaat een keer zoenen. Maar de moedervragen zouden nooit vanzelf een antwoord krijgen. Ik zou niet weten waar die antwoorden vandaan zouden moeten komen.

Of toch? Er kwam een nieuwe vraag in mijn hoofd op. Wisten mijn ouders iets van moeder nummer nul? Misschien wisten ze alles van haar, maar hadden ze het verborgen gehouden omdat dat zo hoorde. Omdat dat nu eenmaal zo ging als je geadopteerd was.

Zaterdagochtend zaten we met z'n vieren te ontbijten.

'Wie was mijn moeder?' vroeg ik.

Mijn vader legde zijn mes neer. 'Je biologische moeder?'

'Biologisch' vond ik een rotwoord. Het deed me denken aan zilvervliesrijst. Aan spullen uit de gezondheidswinkel in de Hoofdstraat. Niet aan wat voor moeder dan ook.

'Ja,' zei ik. 'Die bedoel ik.'

'We weten maar heel weinig,' zei mijn vader, 'en wat we wel weten, weet jij ook. Dat hebben we je verteld.'

Ik was opgelucht. Ze hadden niets voor me verborgen gehouden. 'Is ze beroemd?' vroeg ik.

'Wat een vraag,' zei mijn moeder. 'Hoezo beroemd?'

'Misschien is ze een beroemde kunstenares.'

'Nou ja!' zei Bing.

Mijn vader legde zijn hand op haar schouder.

'Ik kan goed tekenen,' zei ik.

'En nu wil je weten of zij dat ook goed kon?' vroeg mijn moeder.

'Zoiets.'

'Dat weten we niet,' zei mijn vader. 'Ik zei het net al, we weten eigenlijk niets en zoiets al helemaal niet.'

'Je komt er toch nooit achter,' zei Bing.

Mijn vaders hand lag nog steeds op haar schouder. 'Misschien wel,' zei hij. 'Als Fé zou willen...'

Mijn vader en moeder keken elkaar kort aan.

'Later,' zei mijn moeder.

'Waarom later?' vroeg ik.

'Dat is beter.'

'Maar het kan wel?'

'Het kan wel,' zei mijn moeder. 'Maar...'

Bing viel haar in de rede. Ze duwde de hand van mijn vader weg. 'O ja? Kan het? Fijn hoor. Misschien heeft Fé wel een reuzeberoemde moeder omdat hij zelf reuzegoed kan tekenen. Geweldig.'

Ik dacht dat mijn vader boos zou worden, maar hij liet Bing uitpraten.

Mijn moeder zuchtte. 'An,' zei ze tegen Bing. 'Annetje.'

Ik vroeg niet verder over moeder nummer nul. Ik dacht aan Maud en ik kreeg een hekel aan haar. Omdat zij erover begonnen was. Ik zou nooit met haar gaan zoenen. Nooit. Ik moest er niet aan denken.

Op weg naar het park zocht ik naar woorden, zodat ze klaar zouden liggen als ik ze nodig had. Het was de bedoeling dat ik van me af zou bijten. Rot nou eens op. Dat klonk goed. Rot nou eens op!

Toen ik Maud gevonden had, durfde ik niet meer. Ze zat op mijn bank te huilen. Ik hoorde haar snotteren. Het leek me het beste om weg te lopen, maar ze had me al gezien.

'Wat is er?' vroeg ik

'Ik wil naar huis,' zei ze.

'Dan ga je toch?'

'Ik bedoel echt naar huis.'

Ze haalde haar neus op en toen dat niet hielp veegde ze met haar onderarm het snot weg. Het was niet moeilijk om zoenen goor te vinden. Spuug en snot. Ik zou mijn tong nog liever inslikken.

'Ik wil terug naar ons oude huis. Ik ken hier helemaal niemand. Verhuizen in groep acht, dat is zó waardeloos. Iedereen kent elkaar al een hele tijd en iedereen is bezig met de musical en het afscheidsfeest en niemand heeft tijd.'

'Wij zijn op school ook bezig met een afscheidsfeest,' zei ik.

'Fijn.' Ze zei het een beetje venijnig.

'Ik snap het wel,' zei ik vlug. 'Dat het waardeloos is.'

'Ik ken echt niemand,' zei ze.

'Je kent mij.'

'Je zou gaan voetballen.'

'Ik zou misschien gaan voetballen.'

Hamid was naar een waterpolotoernooi. Jesse hing vast en zeker ergens rond, maar ik had hem nog niet gezien en ik hoopte dat hij mij niet zou zien. Niet nu.

Maud boog zich naar me toe. 'Kun je zien dat ik gehuild heb?'

Ze had dikke ogen en op haar gezicht zaten rode vlekken.

'Ja,' zei ik.

Ze snikte. 'Dan blijf ik hier zitten. Ik ga niet over straat zo.'

Ik wilde haar troosten. 'Ik heb het thuis gevraagd,' zei ik. 'Over dat tekenen en mijn moeder.'

Ze ging rechtop zitten.

'Maar ze weten niet zoveel over moeder nummer nul.'

Ik schrok. Moeder nummer nul waren woorden van mezelf. Ik had ze wel eens opgeschreven maar nooit hardop gezegd. Nu wel.

'Moeder nummer nul?' zei Maud, alsof het een doodnormale naam was. 'En?'

'Ik kan het later uitzoeken.'

'Later?' Ze zag er al een stuk minder huilerig uit. 'Het kan ook nu.'

'Ik denk van niet.'

'Het is niet zo moeilijk. Je moet gewoon ergens beginnen.'

'In een museum,' zei ik. Het was niet serieus bedoeld, want hoe zou je in een museum moeten beginnen? Hingen daar schilderijen met naambordjes? *De zeemeeuw* van moeder nummer nul?

'Ja,' zei Maud. 'In een museum.'

Ik zei een tijdje niets meer. Dat was ook niet nodig, want Maud vertelde een lang verhaal over een meisje dat haar moeder zocht en dat ze alleen maar wist in welk land die moeder woonde en hoe ze daar naartoe was gegaan en haar had gevonden.

Ik dacht aan moeder nummer nul. Stel je voor dat ik haar vond. Dat ik gewoon ergens begon en haar na een hele tijd vond. Wat moest ik dan doen? Ik ging naar haar huis en belde aan en moeder nummer nul deed open. Ze herkende mij onmiddellijk.

'Fejzo,' zei ze.

Binnen hingen schilderijen van beesten aan de muur. Die had ze allemaal geschilderd.

'Ik ben zo blij dat je er bent,' zei ze. 'Ik heb jaren en jaren op je gewacht.'

Ze was mooi. En ze was zacht en warm. Of niet. Misschien was ze lelijk en stonk ze omdat ze zich nooit waste omdat ze de hele dag alleen maar aan het schilderen was.

'Fejzo,' zei ze. 'Ik laat je nooit meer gaan.'

Ze drukte me tegen zich aan en omdat ze zo stonk stikte ik bijna.

Of misschien ging het allemaal anders. Ik belde aan en ze deed de deur open maar ze herkende me niet.

'Ik ben Fejzo,' zei ik. 'Uw zoon.'

Ze werd lijkbleek en ze hapte naar adem. Ze viel dood neer.

Maud was aan het eind van haar verhaal gekomen. 'Dus,' zei ze, 'als je gewoon ergens begint, dan kom je steeds meer te weten.'

'We kunnen niet zomaar ergens beginnen,' zei ik.

'Waarom niet?' zei Maud.

'Daarom niet.'

'Weet je iets beters?' vroeg ze.

6

Mijn vader kookte en hij maakte er een rotzooi van. Dat was niet erg, want ik hielp Bing met de afwas. Ik veegde de etensresten weg en Bing zette alles in de machine. Daarna wasten we samen de pannen af.

'Hoe heet ze?' vroeg Bing.

'Maud,' zei ik.

'Is ze leuk?'

'Ik zou het niet weten.'

Bing wilde iets gemeens zeggen, dat zag ik aan haar gezicht, maar ze hield zich in.

'En we hebben niet gezoend,' zei ik.

Ze wapperde met de theedoek. 'Natuurlijk niet.'

Mijn vader bracht Bing naar paardrijles.

'Ik wil even met je praten,' zei mijn moeder. Ze had gewacht tot we alleen waren. 'Is er iets met je?'

'Nee,' zei ik.

'Weet je het zeker?'

'Nja.'

Ze sloeg haar armen om me heen. Niet om me te kietelen, maar om me te knuffelen. 'Je bent zo anders de laatste tijd.'

'Ja?' zei ik.

'Zeg eens wat er aan de hand is.'

'Mijn moeder,' zei ik. 'Moeder nummer nul.'

Ze lachte zachtjes. 'Noem je haar zo?'

'Ja,' zei ik.

'Grappig,' zei ze.

'Hoe kan ik haar vinden?' vroeg ik.

'Wil je haar vinden?'

Ik keek omhoog naar haar gezicht. 'Is dat erg?'

Ze sloeg haar armen nog wat steviger om me heen. 'Natuurlijk niet,' zei ze. 'Ik weet dat kinderen die geadopteerd zijn vroeg of laat nieuwsgierig worden. Dat is heel normaal.'

'Ja?'

'Ja,' zei ze. 'Maar misschien moet je er nog eens rustig over nadenken.'

'Ik heb er al over nagedacht.'

'Hoe lang?' vroeg mijn moeder.

'Heel lang.' Ik had er nog maar een paar dagen over nagedacht en mijn moeder vond dat vast niet lang, maar ik wel, omdat ik moe werd van mijn eigen gedachten.

Mijn moeder liet me los zodat ze me goed kon aankijken. 'Moet je eens luisteren, Fé,' zei ze. 'Het is niet zomaar iets. Het is misschien veel ingewikkelder dan je denkt.'

'Waarom?'

'We weten dat je moeder een oorlog heeft meegemaakt. We weten niet alles. Maar als je gaat zoeken...'

'Wat dan?' vroeg ik.

'Bij moeder nummer nul hoort een verhaal en ik weet zeker dat het geen vrolijk verhaal is. Je bent er nog te jong voor. Dat denk ik.'

Ik wist bijna niets over de oorlog in Bosnië. Er waren mensen doodgeschoten, maar ik snapte niet wie de vijand was geweest van wie.

'We laten het even rusten,' zei mijn moeder. 'Ik wil er ook met papa over praten.'

Bing was weg dus de computer was van mij. Ik zocht naar plaatjes van dierenschilderijen. De printer liet ik uit, want alleen echte kaarten mochten in het beestenboek. Dat was een regel die ik had verzonnen. Ik vond een schilderij dat barstte van de vogels. *Het drijvende veertje* van Melchior d'Hondecoeter. Er stond een pelikaan op en eenden en van alles en nog wat. Zo precies geschilderd als het maar kon.

Mijn vader en Bing kwamen thuis. Ik hoorde ze beneden heen en weer lopen. Bing kwam de trap op en ging de badkamer binnen. Mijn vader kwam even later de zoldertrap op. Hij ging naast me zitten. Hij rook naar paarden.

'Zo,' zei hij.

Ik liet hem de pelikaan zien.

'Mooi,' zei hij.

Het duurde even voordat hij op gang kwam. Ik wist waarover hij wilde praten.

'Het gaat over je moeder,' zei hij eindelijk.

Ik schoof de muis over het bureaublad, de cursor draaide rondjes op het scherm.

'Weet je wel heel erg zeker dat je wilt weten hoe het zit? Heb je er lang genoeg over nagedacht?'

'Ja,' zei ik.

'Mama denkt van niet.'

'Maar het is wel zo,' zei ik.

Hij aaide met zijn hand over de kale plek op zijn achterhoofd. 'Tja,' zei hij. 'We hadden het wel verwacht, maar niet nu al. De meeste kinderen willen op een dag weten waar ze vandaan komen. Maar eerlijk gezegd hadden we niet door dat je er zo mee bezig was. Het overvalt ons een beetje.'

'Ik kan er niets aan doen,' zei ik.

'We zullen eens informeren,' zei mijn vader. 'Maar verwacht niet te veel.'

Ik liep achter mijn vader aan de zoldertrap af. Bij de deur van Bings kamer bleef ik staan. Ik klopte. Er kwam geen antwoord. Ik klopte nog iets harder.

'Ga weg!' zei Bing.

Ik deed de deur open en gluurde naar binnen.

Bing lag op haar bed. De Chinese parasol hing boven haar hoofd.

'Ik zei dat je weg moest gaan.'

'De computer staat nog aan,' zei ik. 'Jij mag.'

Ze liep naar de deur en duwde hem dicht.

Omdat het zaterdagavond was mocht ik lang opblijven. Ik ging op de bank zitten, tussen mijn vader en moeder in. Er was een film op televisie. Het was een plakfilm. Mijn vader en ik probeerden er niet om te lachen, maar hoe harder we dat probeerden, hoe moeilijker het werd. Af en toe keek mijn moeder opzij.

'Toe nou,' zei ze.

Een man met een snor zoende een vrouw in een lange jurk.

'Laat de strijkers maar komen,' zei mijn vader.

De muziek kwam langzaam aanglijden. Een orkest vol jankende violen.

'Zie je wel?' zei mijn vader. 'Daar heb je ze.'

De vrouw boog haar hoofd achterover en de man

hing naar voren over haar heen.

'Mmmm!' zei mijn vader.

'Ah!' zei ik.

Op de tv viel zoenen wel mee.

Mijn moeder keek nijdig, maar ik zag dat ze het speelde. 'Jullie worden bedankt. Echte kerels zijn jullie. Geweldig hoor.'

Mijn vader legde zijn hand op haar been. 'Gemene kerels zijn we.'

We hielden ons verder koest. We zaten op de bank. Mijn vader, mijn moeder en ik. Moeder nummer nul was er ook. Onzichtbaar maar vlakbij. Ik had over haar gepraat en nu was ze er. En ze ging niet meer weg.

7

Het regende. Mijn moeder ging met Bing naar een rommelmarkt in het buurthuis. Mijn vader wilde rust, hij had geen zin in een rommelmarkt of een ander zondagsuitje. Ik wilde ook rust. Ik lag in mijn pyjama op het vloerkleed met een schoenendoos vol spullen van vroeger.

Foto's van een jongeman met een hoofd vol krullen. Dat was mijn vader. Er was een foto van mijn moeder in een korte jurk. Ze deed haar best om er mooi uit te zien, haar mond stond een beetje open en ze had dikke zwarte wimpers. Voor wie deed ze zo haar best? Ik hoopte dat het voor mijn vader was.

Er waren ook foto's van iets later. Van mijn vader in een auto en van mijn vader als vader: hij hield Bing op zijn arm. Ze leunde tegen zijn schouder. Er zat een dekentje om haar heen, je zag alleen haar achterhoofd.

Ik vond een foto van mezelf. Ik was een baby en zat bij mijn moeder op schoot.

Er zaten niet alleen foto's in de doos. Er zat ook een envelop in met geboortekaartjes. Mijn kaartje was lichtgroen. Het was geen echt geboortekaartje want ik bestond al een tijdje toen het werd gemaakt. Er stond veel op. Wanneer ik geboren was en wanneer ik bij mijn vader en moeder was gekomen en hoe ik heette. En ook dat ze ontzettend blij met me waren. Dat stond in een gedichtje:

Hij is welkom in ons huis
en welkom in ons leven.
We zijn ontzettend blij
dat hij ons is gegeven.

Ik wist dat mijn moeder het zelf verzonnen had en daarom vond ik het bijzonder. Maar één ding was jammer: ik viste het geboortekaartje van Bing uit de envelop en las háár gedichtje.

Ze is welkom in ons huis
en welkom in ons leven.
We zijn ontzettend blij.
dat zij ons is gegeven.

Ik had wel eens aan mijn moeder gevraagd waarom Bing en ik hetzelfde gedichtje hadden.
'Omdat we met jullie allebei even blij waren,' zei ze.
'Omdat je moeder al blij was dat ze één gedichtje kon maken,' zei mijn vader.
Bing had het hare het eerst gekregen, dus het mijne was tweedehands. Maar het maakte niet uit zei mijn vader. Het ging er niet om wie het eerste was. Het ging om de woorden, en die waren de eerste en de tweede keer even waar.

Ik stopte de geboortekaartjes terug in de envelop en de envelop deed ik weer in de doos. Ik dacht na over het gedichtje. Ik had het al vaker gelezen, maar niet zoals nu. Er stond: *dat hij ons is gegeven*. Het was zo duidelijk als wat. Het gedichtje ging niet alleen over mijn vader en moeder en over hoe ontzettend blij ze wel niet waren. Het ging ook over moeder nummer nul. Zij had mij gegeven.

Mijn vader lag op de bank de krant te lezen.

'Pap?' zei ik.

'Mmm?'

'Vertel eens over de eerste dag.'

Hij legde de krant op zijn buik. 'De eerste dag van wat?'

'De eerste dag dat ik er was.'

'Aha,' zei mijn vader.

Ik ging naast de bank op de grond zitten en leunde met mijn hoofd tegen zijn schouder.

'Je was bijna vier maanden oud,' zei hij. 'En je had grote ogen. Daarmee keek je in het rond. Je keek en je keek. Ik vroeg me af wat er in dat kleine hoofdje omging. Wat je zag.'

'Ik zag jou en mama.'

'En Bing,' zei mijn vader. 'Bing was drie toen je kwam. Ze kneep in je neus en je begon te lachen.'

'Niet,' zei ik.

'Jawel,' zei mijn vader. 'Je begon te lachen.'

'Hadden jullie me opgehaald?' vroeg ik. 'Of werd ik gebracht?'

'Opgehaald.'

Opgehaald. Ze hadden me opgehaald. Dat betekende dat ze moeder nummer nul hadden gezien. Waarom hadden ze dat nooit verteld?

'Hoe zag ze eruit?' vroeg ik.

'Wie?'

'Mijn moeder.'

'Ik weet het niet,' zei mijn vader. 'We hebben haar nooit ontmoet.'

'Maar hoe kon ze me weggeven als ze er zelf niet was?'

'Je woonde niet bij haar,' zei mijn vader. 'Je logeerde op neutraal terrein. Zo heet dat. Een plek die niet bij je weggeefmoeder hoorde en niet bij ons.'

Neutraal terrein klonk als iets met een hek eromheen, een soort bewaarplaats waar moeders hun baby's konden achterlaten. Dat was vreselijk want al die baby's hadden nieuwe ouders nodig en de leukste baby's werden natuurlijk het eerste opgehaald.

Ik probeerde een grapje te maken. 'Jullie konden zeker niet meer kiezen?' zei ik. 'Alleen ik was nog over.'

Mijn vader trapte er niet in, hij hoorde dat het me niet lekker zat. Hij legde zijn wang tegen mijn hoofd. 'Doe niet zo raar, knullie.'

Hij noemde me haast nooit knullie. Het was een woord van vroeger en eigenlijk was ik er te groot voor.

'Ik zal je vertellen hoe het ging,' zei mijn vader. 'Je moeder kon niet voor je zorgen, dat weet je. Daarom wilde ze je weggeven. Je moet heel goed begrijpen dat ze dat niet zomaar deed.'

Ik trok de krant van mijn vaders buik en kroop naast hem op de bank. Ook daar was ik eigenlijk te groot voor, het paste maar net.

Mijn vader ging verder. 'Toen je geboren was, kreeg je moeder een paar maanden de tijd om er nog eens rustig over na te denken. Ze moest zeker weten dat ze je niet toch wilde houden. En terwijl zij nadacht, moest jij uit logeren. Wij waren toen al uitgekozen om je te adopteren, het was alleen nog niet definitief.'

'Toch vind ik het raar,' zei ik. 'Ze moest over mij nadenken. Waarom mocht ik daar niet bij zijn?'

'Omdat het anders te moeilijk zou worden. Ze zou te veel van je zijn gaan houden.'

'Maar waarom ging ik dan niet naar jullie toe? Ik kon toch ook bij jullie wachten tot ze genoeg had nagedacht?'

'Nee,' zei mijn vader. 'Als ze je toch had willen houden, hadden wij je terug moeten geven.'

Ik dacht aan het gedichtje. 'En jullie waren juist zo blij.'

'Zo is dat,' zei mijn vader. 'We hadden je nooit terug willen geven. Het zou een drama zijn geworden. Vandaar neutraal terrein. Jij logeerde bij een gezin tot alles in orde was en daar haalden we je op toen de bedenktijd voorbij was.'

Moeder nummer nul had bedenktijd gekregen. Dat snapte ik. Zelf had ik altijd veel bedenktijd nodig. Bij alles. Ook bij kleine dingen. Zij had bedenktijd gekregen voor iets groots. Was de bedenktijd nu voor altijd over?

Ik belde aan en moeder nummer nul deed open.

'Ik heb op je gewacht,' zei ze. 'Ik heb nog eens goed nagedacht en ik wil je terug.'

Ze trok me naar binnen. Ze duwde me de hal door en de trap op. Boven aan de trap was een deur en daar achter was een kamer.

'Jouw kamer,' zei moeder nummer nul. 'Waar zijn je spullen?'

'Ik wil niet blijven,' zei ik.

'Daar geloof ik niets van.'

'Ik wil naar huis.'

'Je bent thuis,' zei moeder nummer nul. 'Ik wist dat je zou komen. Ik wist dat je net zo erg naar mij verlangde als ik naar jou.'

'De bedenktijd is afgelopen!' riep ik.

Mijn vader wist hoe het moest, een dag nietsdoen. Hij gaf me een stuk van de krant. Ik ging aan de eettafel zitten en begon aan de kruiswoordpuzzel op de laatste bladzijde. Kruiswoordpuzzels moet je niet te vaak maken, maar soms zijn ze fijn. Omdat alles klopt. Als er ook maar één letter niet klopt heb je een fout gemaakt. Ik vulde de woorden met potlood in. Zo nu en dan vroeg ik iets aan mijn vader die met de rest van de krant op de bank bleef liggen. Hij sloeg de bladzijden ritselend om en zo nu en dan las hij een stukje voor. We waren precies genoeg samen.

De puzzel was bijna af toen ik de voordeur dicht hoorde slaan.

'Daar zijn de meisjes,' zei mijn vader.

Mijn moeder en Bing kwamen de kamer binnen. Ze hadden een hoop rommel gekocht. Mijn vader deed alsof hij alles prachtig vond.

Bing had een lamp uitgezocht voor op haar nachtkastje, iets met lange sprieten en glimmers.

'Móói!' zei mijn vader.

Mijn moeder had een glazen schaal meegenomen en een vaas en een stuk of wat oude klerenhangers.

'Hándig!' zei mijn vader.

'En nog iets,' zei mijn moeder. Ze gaf me een stapeltje ansichtkaarten. 'Er zat een man en die had er weet ik hoeveel.'

'We moesten wel een uur zoeken naar beesten,' zei Bing.

Ik telde negen kaarten. Vier kaarten met vissen en twee kaarten met vogels. Er was een kaart met een schilderij van twee dode konijnen en een kaart met een eekhoorn. Op de laatste kaart stond een wit paard, het steigerde en er zat een man op. Meer een mensenkaart dan een beestenkaart. Ik gaf hem aan Bing.

'Omdat je zo lang moest zoeken.'

Ze deed mijn vader na. 'Práchtig!' zei ze. 'Bedánkt!'

Omdat het zondag was, hoefden Bing en ik nergens mee te helpen. Na het eten ging ik naar mijn kamer. Ik liep nog steeds in mijn pyjama rond en nu de dag bijna voorbij was liet ik het maar zo. Ik pakte het beestenboek. Het was goed dat ik het steigerende paard aan Bing had gegeven. Er waren acht kaarten over en omdat ik er op iedere bladzijde twee plakte, kwam het mooi uit. Het was jammer dat de meeste dieren dood waren. De konijnen zagen er slap uit. De vissen waren meer iets voor in een kookboek: één vis had geen kop meer en het lijf was in mootjes gesneden. Maar de eekhoorn was levend en prachtig. Pluizige rode haartjes, zó echt geschilderd dat je ze wilde aanraken. Ik pakte mijn speciale pen en schreef de naam van de schilder op: Hans Hoffmann.

Als ik mijn moeder ooit vond, zou ik haar het beestenboek laten zien. Ze zou het onmiddellijk begrijpen.

Ik belde aan en moeder nummer nul zei: 'Kom toch binnen!'

We gingen op de bank zitten. Ik gaf haar het beestenboek en ze sloeg het open.

'*De eekhoorn,*' zei ze. 'Geweldig. Zo levend en prachtig. En die pluizige rode haartjes!'

'Mooi hè,' zei ik.

'Deze ook,' zei ze.

Ik ging een beetje dichter tegen haar aan zitten zodat ik mee kon kijken. 'Dat is mijn lievelingskaart: *De haas* van Dürer.'

'Dat is ook mijn lievelingskaart,' zei moeder nummer nul.

Ze haalde een boek tevoorschijn en legde het op mijn schoot. Het was háár beestenboek. *De haas* van Dürer stond erin en *De eekhoorn* van Hans Hoffmann en *Het puttertje* van Fabritius.

'Hier moet ik meestal om lachen.' Ze wees naar *De pissende koe* van Nicolaes Berchem.

'Die heb ik ook in mijn boek!' riep ik.

We legden onze boeken naast elkaar. Twee bladzijden met *De pissende koe*. We lachten er samen om.

'Hoe kan dat nou,' zei ik toen we uitgelachen waren.

Moeder nummer nul aaide over mijn wang. 'Je bent toch mijn kind?'

Ik klapte het beestenboek dicht en legde het op mijn bureau, een heel eind van mijn bed. Zo ver mogelijk. Ik ging naar beneden. Mijn vader en moeder zaten op de bank televisie te kijken. Er was een voetbalwedstrijd aan de gang. Mijn moeder hing tegen mijn vader aan. Ik ging naast haar zitten.

'Mam?' zei ik.

'Wat is er?'
'Niks.'
'Echt niet?'
'Mam,' zei ik. 'Mam mam mam mam mam mam.'
'Doe normaal,' zei ze.
'Mam!'
Ze sloeg haar arm om me heen. 'Nog één keer...'
'Mam.'
Ze hield me stevig vast. Ze kietelde in mijn zij. Ze wist precies waar ze het moest doen. Ik trappelde met mijn benen.

8

Ik had Maud de hele zondag niet gezien en ik had bijna niet aan haar gedacht. Maar nu was het maandagochtend en toen ik naar school fietste zag ik haar lopen.

'Hé,' riep ze.

'Hé,' riep ik en ik fietste snel door.

In de klas praatten we over het afscheidsfeest. Geen musical, maar een avond vol losse liedjes en dansjes en dat soort dingen. Willem legde uit wat de bedoeling was. Hij was al twee jaar onze meester. Hij zou ons straks gaan missen, zei hij. Hij hoopte op een mooi feest met veel creativiteit en alsjeblieft niet te veel playbacken, want dat was zo langzamerhand een beetje afgezaagd. Originele optredens wilde hij zien. Wij moesten alles zelf voorbereiden en hij zou zich er zo min mogelijk mee bemoeien.

'Karate,' zei Hamid.

'Hoe?' vroeg Jesse.

'Zo,' zei Hamid. Hij cirkelde met zijn armen voor zijn gezicht.

'Er moet nog iets bij,' zei Jesse. 'Alleen karate is niet genoeg.'

'Een doek met Japanse letters,' zei Hamid. 'Heel groot.'

We hadden thuis een vel papier met de naam van Bing. Vredige IJsbaby in het Chinees. Ik zou de letters na kunnen tekenen. Chinees of Japans, dat maakte niet zoveel uit. Niemand zou het verschil kunnen zien en niemand hoefde te weten hoe ik aan die letters kwam.

'Ik maak wel iets,' zei ik.

'Het wordt een karatedemonstratie,' zei Hamid.

'Wij met z'n drieën,' zei Jesse. 'Hamid, Fé en ik.'

'Klinkt spannend,' zei Willem.

Hamid wilde 's middags meteen gaan oefenen.

'Ik ga naar de bibliotheek,' loog ik. 'Japanse letters zoeken. Jullie moeten oefenen, ik niet. Ik hoef niet op te treden.'

'Iedereen moet optreden,' zei Jesse.

'Ik houd het doek vast,' zei ik.

'Dan moet je dát oefenen,' zei Jesse. 'Want je moet het wel goed vasthouden.'

'Er is nog niets om vast te houden,' zei ik. 'En het feest is nog lang niet.'

Hij hield verder zijn mond.

Ik ging met mijn tekenboek naar het park. Er liepen vrouwen rond met kinderwagens en bij de muziektent zat een stel meiden. Maud was er niet bij. De broodjatter stond bij de eenden, ik deed net alsof ik hem niet zag. Op het gras liepen kalkoenen los en pauwen en flink wat kippen. In een kuiltje in het zand zat een haan te suffen. Ik ging op mijn bank zitten, pakte mijn potlood en begon. De snavel van de haan was het moeilijkst. Het was bijna niet te zien hoe die in elkaar zat, er zat een rare rode lel overheen. Ik moest een paar keer alles weggummen voordat het lukte.

Het papier werd er dun van.

De tekening was bijna klaar toen ik Maud het pad op zag komen. Ze begon al te praten voordat ze er was.

'Ik wist het!' riep ze.

De haan in het zandkuiltje kwam van schrik overeind.

Maud ging op de rugleuning van de bank zitten met haar voeten op de zitting. 'Ik wist het. Jesse zei dat je naar de bibliotheek was, maar ik wíst gewoon dat je hier zat.'

'Ik zit zo vaak hier.'

'Ja,' zei ze. 'Maar Jesse zei dat je iets te doen had.'

Maud kende Jesse beter dan ik dacht.

'En hij had zelf ook geen tijd,' zei ze.

Ze had hem net nog gesproken.

'Je was er gisteren niet,' zei ze.

'Het regende.'

'Dat was niet erg,' zei Maud. 'We hadden een paraplu. Die was zo groot dat we er helemaal onder pasten.'

Ze had het nog steeds over Jesse.

'Ja?' zei ik.

Ze begon zachtjes te praten. Ze kwam vlak naast me zitten. 'Jesse vertelde over de broodjatter.'

Ik wilde niet nog een keer ja zeggen, maar iets beters kwam niet in mijn hoofd op.

'We gaan een keer kijken,' zei Maud. ''s Morgens heel vroeg als het nog donker is.'

Het klonk als een Jesse-idee.

'Waar ga je naar kijken?'

'Dode eenden,' zei ze. 'De broodjatter heet broodjatter, maar eigenlijk jat hij eenden en die maakt hij dood en dan eet hij ze op.'

'Dat weet ik ook wel,' zei ik. Maud hoefde mij niet te vertellen wat er in het park gebeurde. 'Hij is gevaarlijk.'

'Echt?' Het klonk alsof ze zin had in iets gevaarlijks.

'De broodjatter heeft een mes,' zei ik.

'Natuurlijk heeft hij een mes. Anders kan hij geen eenden doodmaken.'

Ik keek naar de tekening van de haan. De haan zelf was ervandoor.

'Ik ga mijn moeder zoeken,' zei ik opeens.

Ze ging rechtop zitten en hield haar mond.

'Ik ga er vandaag mee beginnen.'

'Nu?'

Ik had geen idee hoe en waar ik zou moeten beginnen. 'Straks,' zei ik.

Maud was de broodjatter vergeten. 'Pak je mobiel,' zei ze, 'ik geef je mijn nummer.'

'Ik heb geen mobiel.'

'Natuurlijk wel,' zei Maud.

Ik had een mobieltje, maar ik nam het nooit mee. De batterij was al weken leeg.

Maud griste het potlood uit mijn handen. Ze schreef haar nummer onder aan mijn tekening. 'Het is belangrijk. Als we gaan zoeken moet je me kunnen bellen.'

De haan was verpest.

'Goh,' zei Maud. 'Ik ben wel benieuwd naar alles. Naar je moeder en waarom ze het gedaan heeft.'

De oorlog, wilde ik zeggen. Maar toen dacht ik aan

het gesprek met mijn vader over de bedenktijd. Moeder nummer nul was naar Nederland gekomen. Ze had hier bedenktijd gekregen en ze had me hier weggegeven.

'Als ik jou was zou ik dát vragen,' zei Maud. 'Meteen als je haar gevonden hebt.'

Waarom had ze het gedaan? Een baby is niet handig in de oorlog, dat snapte ik. Je moet vluchten en je verstoppen voor de vijand en een baby huilt op de raarste momenten, ook als de vijand net in de buurt is. Maar waarom was mijn moeder eerst gevlucht en had ze me daarna toch nog weggegeven? Toen de oorlog ver weg was? Toen ze er een tijd rustig over na had kunnen denken?

'En als ik je moeder was zou ik het meteen vertellen,' zei Maud.

'O ja?'

'Meteen. Ik zou vertellen hoe...'

'Wat kan mij dat nou schelen?' Ik scheurde de tekening van de haan uit mijn tekenboek. Daarna scheurde ik hem in stukken. De snippers propte ik in mijn jaszak.

'Wat doe je?' vroeg Maud.

'Dat zie je toch?'

Ik gaf haar geen kans om nog iets te zeggen. Ik liep het park uit zonder ook maar één keer achterom te kijken.

Aan tafel zag mijn vader dat er iets aan de hand was.

'Vertel het eens,' zei hij.

'Ik wil mijn moeder zoeken,' zei ik.

'Ja, dat weten we nu wel,' zei Bing.

'Maar nu wil ik het echt.'

'Kunnen we er straks rustig over praten?' vroeg mijn vader.

'Het is belangrijk,' zei ik.

Bing gaf haar bord een zet. 'Mag ik van tafel?'

'We zijn nog niet klaar,' zei mijn moeder.

'Ik wel,' zei Bing. 'En als ik klaar ben dan gá ik van tafel.'

'An!' zei mijn vader. 'Dimmen.'

Bing stond op en liep de kamer uit. De deur sloeg dicht.

Mijn vader keek naar zijn bord.

Mijn moeder schudde haar hoofd.

'Wat is er?' zei ik. 'Wat? Ik kan er toch niets aan doen?'

'Nee,' zei mijn vader. 'Jij kunt er niets aan doen, maar je moet goed begrijpen hoe het zit.'

Hij vertelde me over Bing. Hoe ze buiten was gevonden en hoe ze naar het weeshuis was gebracht en hoe ze met het vliegtuig naar Nederland was gekomen. Ik had het allemaal al eerder gehoord, maar nu legde mijn vader uit wat het betekende: omdat Bing een vondeling was kon ze haar moeder niet zoeken. Ze hadden het nagevraagd, maar niemand wist wie de moeder van Bing was. Niemand had gezien dat ze Bing had achtergelaten.

Ik ging naar boven en klopte op de deur van Bings kamer.

'Nee!' riep ze.

'Ik snap het best,' zei ik.

'Donder op!'

Ik hoorde haar achter de deur huilen.
'Bing?' zei ik.
Ze gaf geen antwoord.

Beneden waren mijn vader en moeder de afwas aan het doen, al was het eigenlijk mijn beurt.
'We moeten eens rustig praten,' zei mijn vader.
'Met z'n drieën,' zei mijn moeder.
Ze vroegen of ik moeder nummer nul echt wilde zoeken. En ik zei ja. Ze vroegen of ik het zeker wist en ik zei ja.
'Het is niet zo simpel,' zei mijn vader. 'We weten niet waar je biologische moeder is.'
'Moeder nummer nul,' zei mijn moeder. 'Zo noemt Fé haar. Moeder nummer nul.'
'Goed dan,' zei mijn vader. 'We weten niet waar moeder nummer nul is. We kennen haar niet.'
'We weten niet wat voor iemand het is en of het goed voor je is om haar te zien,' zei mijn moeder.
'Dat ook,' zei mijn vader. 'Er komt een heleboel bij kijken. We weten niet of iemand haar kan vinden.'
'Ik moet gewoon ergens beginnen,' zei ik.
'Lieve schat,' zei mijn moeder. 'Je wilde haar toch niet zelf gaan zoeken?'
Ik zei niets terug.
'Ach nee toch, Fé,' zei mijn moeder.
'Stel je voor,' zei mijn vader. 'Je vindt moeder nummer nul. Dat lukt je nooit natuurlijk, maar stel je voor dat je haar vindt. Wat dan?'
'Dan ga ik naar haar toe.'
'Nee,' zei mijn vader. 'Nee, dat kan niet zomaar. Je

hebt geen idee wie ze is. En ze kent jou ook niet.'

'Daar heb je hulp bij nodig,' zei mijn moeder. 'Er is een bureau, een organisatie. Er zijn mensen die kunnen helpen zoeken.'

'We kunnen een afspraak maken,' zei mijn vader. 'We kunnen eens horen wat zij erover te zeggen hebben.'

'Doe maar,' zei ik.

'Zeker weten?' vroeg mijn vader.

'Ja,' zei ik, maar ik wist het helemaal niet zeker. Mijn hoofd had twee helften. De ene helft zat vol vragen en de andere helft wilde er niets mee te maken hebben. De helft vol vragen was de baas.

'Ja,' zei ik, 'zeker weten.'

9

We mochten geen 06-nummers bellen met de gewone telefoon, maar ik deed het toch. Ik zat op de slaapkamer van mijn vader en moeder en toetste het nummer van Maud in. Ik had de snippers van de haantekening tegen elkaar gelegd.
'Ja?' zei ze.
'Met Fé.'
'En?'
Er viel een stilte.
'Fé?'
'Het gaat over mijn moeder,' zei ik.
'Ja,' zei Maud, 'je moeder.'
'Die gaan we zoeken,' zei ik. 'Dat wilde ik even zeggen.'
'Ga je nu zoeken?'
'Nee,' zei ik. 'Nee, dat kan niet. We gaan naar een speciaal bureau.'
'O?'
'Een organisatie die gaat zoeken.'
'O!'
Weer een stilte.
'Dat wilde ik zeggen.'
'Een organisatie?' zei Maud. 'Dus je gaat niet zoeken?'
'Jawel.'
'Nee, niet. Je zegt dat je naar een organisatie gaat. Ik snap niet wat je bedoelt.'

'Dat we gaan zoeken.'
'Maar wie dan?'
'Die organisatie.'
Een lange stilte.
'Nou,' zei Maud. 'Fijn.'

Het gesprek was afgelopen. Maud had geen zin meer, dat hoorde ik aan haar stem. Ze was boos omdat ik haar in het park had laten zitten.

'Sorry,' zei ik.
'Sorry wat?'
'Sorry van daarnet.'
'Oké,' zei Maud. 'Nou, dag dan.'
'Wacht!' zei ik. 'Ik moet je iets belangrijks laten zien.'
'Wanneer?'
'Nu.'
'Ik weet niet of ik nog naar buiten mag.'
'Heel even,' zei ik.

Ik rende naar mijn kamer om het beestenboek te halen. Daarna rende ik de trap af naar de voordeur.

'Ik ben zo terug!' riep ik en voordat iemand er iets van kon zeggen racete ik de straat uit.

Maud was een mereljong en ik had een lekker hapje. Ik had een geheim boek. Maud mocht het zien. Ze hield van geheime dingen. Van woorden die je niet wilde zeggen en van dingen die je voor jezelf wilde houden. Ze zou het beestenboek prachtig vinden.

We kwamen tegelijk bij de oversteekplaats aan.

'Wat heb je daar?' vroeg Maud.

Ik vond dat we eerst moesten gaan zitten. Schuin aan de overkant stond een bank op de stoep. Ik wachtte niet op het voetgangerslicht, er was bijna geen verkeer. Een man op een fiets maakte een slinger om ons te ontwijken.

Maud plofte op de bank neer. 'Nou?' zei ze.

'Het is een boek.'

'Wat voor boek?'

'Er staan schilders in,' zei ik. 'Nee, geen schilders, schilderijen natuurlijk.' Ik streek met mijn hand over de kaft van het beestenboek. 'Jesse weet er niets van en Hamid ook niet. Bijna niemand eigenlijk.'

'Wat voor schilderijen?'

'Van beesten.'

'Laat nou maar zien,' zei ze.

Ik legde het boek open, de ene helft op het bovenbeen van Maud, de andere helft op dat van mij. Maud keek. Na een tijdje sloeg ik de bladzijde om.

'Dit is de *De haas* van Dürer,' zei ik. 'Uit 1502.'

Ik wist niet na hoeveel tijd ik weer een bladzijde om moest slaan. Ik telde langzaam tot tien. Op de volgende bladzijde wees ik naar de kop van een hert. Ik las voor wat ik naast de kaart had geschreven: '*De hertenbok* van Diego Rodríguez de Silva y Velázquez.'

'Het is een plakboek!' zei Maud.

Ik sloeg een paar bladzijden tegelijk om. 'En hier heb je een koe,' zei ik. Dat het een pissende koe was vertelde ik er niet bij. Dat zou ze zelf wel zien als ze goed keek. Maar ze keek niet meer naar het boek, ze keek naar mij.

'Het is een plakboek!'

'Het is een beestenboek,' zei ik. 'Het is een verzameling van beesten. Nou ja, van schilderijen van beesten. Ansichtkaarten van schilderijen.'

'Waarom?'

'Het is bijzonder,' zei ik. 'Snap je?'

'Is het van je moeder?'

Ik sloeg geen bladzijden meer om. Ik staarde naar *De pissende koe*. 'Nee.'

'Van wie dan?' zei Maud.

'Van mij.'

'Leuk,' zei Maud. 'Ik had vroeger een plakboek met hondenplaatjes, maar dat is allang weg.' Ze stond op. 'Ik moet naar huis.'

Ik keek haar na. Ik zat op de bank met het beestenboek op schoot. Twee jongens fietsten het kruispunt over. Ik hoopte dat ze me niet zagen. Toen ze voorbij waren kwam ik in beweging. Op weg naar huis liep ik langs een vuilcontainer. Ik klemde het beestenboek stevig tegen me aan.

10

Opeens hoorde ze erbij. We waren met z'n vieren in het park: Maud, Jesse, Hamid en ik. Jesse hoefde nooit lang na te denken over wat hij tegen Maud moest zeggen. Hij vertelde het ene verhaal na het andere. Hij wist alles van iedereen en Maud wilde alles van iedereen weten, dus ze raakten niet uitgepraat. Hamid zei net zo veel of weinig als altijd. Hij deed alsof Maud er al jaren was. Ze mocht meedoen met voetballen omdat ze toch niet kon winnen. Ze trapte hard genoeg, maar de meeste ballen gingen de verkeerde kant op. Ik bleef de hele tijd op het speelveld. Ik wilde vogels tekenen, maar ik durfde niet weg te gaan.

Maud en Jesse maakten plannen.
'Vannacht gaan we naar de broodjatter,' zei Maud.
'Wie zijn we?' vroeg Hamid.
'Gewoon we.'
'We gaan niet vannacht,' zei Jesse. 'We gaan morgenochtend vroeg.'
'Dat is bijna nog vannacht,' zei Maud.
'We moeten wachten tot hij slaapt,' zei Jesse.
'Hij moet eerst een paar eenden kunnen slachten,' zei Maud.
'Ik ga niet mee,' zei Hamid.
'Waarom niet?'
'Omdat het kinderachtig is.'
'En jij?' vroeg Maud aan mij.
Ik keek naar Jesse en Maud. Ik moest wel mee.

Ik was nog nooit eerder het huis uit geglipt, maar erg moeilijk was het niet. Ik maakte zo min mogelijk geluid en niemand werd wakker. Het was nog schemerig. Het voetgangerslicht bij de oversteekplaats sprong op rood en daarna op groen en weer op rood zonder dat er ook maar iemand was die over wilde steken. Ik hoopte dat er geen overvallers bij de supermarkt rondhingen. Of moordenaars of nog erger. Van mijn moeder mocht ik 's avonds laat de deur niet uit en ik wist zeker dat het 's morgens heel vroeg ook niet mocht.

Het duurde even voordat Maud en Jesse er waren. Ze kwamen samen aanlopen. Ik hoorde ze kletsen. Jesse was in het zwart: broek, trui en wollen muts. Op zijn gezicht zaten zwarte vegen. Maud droeg een spijkerbroek en een lang zwart vest.

'Wat heb jij nou aan?' vroeg ze.

Ik had zonder er bij na te denken mijn jack aangetrokken. Blauw met veel reflectiestrepen. Mijn moeder vond het belangrijk dat ik zichtbaar was.

'Glow in the dark,' zei Jesse.

Ik deed het jack uit, keerde het binnenstebuiten en deed het weer aan. Ik kon mijn handen niet in mijn zakken steken want die zaten nu aan de binnenkant.

Op weg naar het park bleven Maud en Jesse met elkaar kletsen, maar vlak bij de ingang hielden ze ermee op.

'Fluisteren,' zei Jesse.

We slopen over het pad, zo dicht mogelijk langs de bosjes. Er ritselde iets in de struiken.

'Vogels,' fluisterde ik om iedereen gerust te stellen. 'Of egels. Egels ritselen altijd.'

'Hou je kop nou eens,' fluisterde Jesse terug.

Bij het hek langs de eendenvijver gebaarde hij dat we moesten bukken. We hurkten naast elkaar en keken door het gaas. We zagen eenden, maar ze waren niet dood. Nergens lagen botjes.

'Die vuile ratten,' zei Jesse. 'Ze hebben niks overgelaten.'

Hij wees in de richting van het speelveld. Gebogen liepen we over het pad naar de sloot. Het begon licht te worden, boven het water hing een beetje mist. We hielden stil naast de brugleuning. Aan de overkant, op één van de bankjes langs het speelveld, was een hobbelige vorm te zien.

'De broodjatter,' zei Maud.

Jesse ging als eerste de brug over. Maud aarzelde even. Ik duwde haar opzij omdat ik de achterste was en niet de achterste wilde blijven.

We slopen langs de rand van het veld naar de bank. De broodjatter lag te slapen onder zijn jas. Hij snurkte.

'Hij stinkt,' zei Maud zacht.

'Hij heeft gezopen,' zei Jesse nog zachter.

Onder de bank stonden twee plastic tasjes. Misschien zaten er dode eenden in. Misschien een mes. Nee, geen mes. Het mes van de broodjatter lag natuurlijk onder zijn jas, in de buurt van zijn hand, zo voor het grijpen.

Jesse boog zich voorover. De broodjatter zuchtte. Weg! gebaarde ik, maar Jesse deed alsof hij het niet zag. Zijn gezicht was vlak bij dat van de broodjatter.

De ogen van de broodjatter gingen wagenwijd open, en toen zijn mond. 'Nee!' riep hij. 'Nee, nee.' Hij ging rechtop zitten en trok de jas om zich heen.

Jesse rende het pad af en de brug over.

'Fé! Kom nou,' zei Maud.

Ik wilde weg, maar het ging niet. Ik moest blijven kijken.

De broodjatter begon te jammeren. 'Ooh.' Er liep een straaltje kwijl uit zijn mond. Hij had geen tanden.

'Fé!' zei Maud. Ze pakte mijn hand en trok me mee.

'Klootzakken,' mompelde de broodjatter. Zijn stem klonk schor.

We renden over de brug.

'Schofterige klootzakken!' riep de broodjatter ons achterna.

Jesse stond net buiten het park te wachten.

'Ik scheet in m'n broek,' zei Maud.

'Hij pakte zijn mes,' zei Jesse.

'En wat deed jij nou?' vroeg Maud aan mij. Ze legde het uit aan Jesse: 'Hij bleef maar staan. Hij was zo geschrokken dat hij gewoon bleef staan!'

'De broodjatter had geen mes,' zei ik. 'Hij was bang.'

Jesse wreef met zijn mouw over zijn gezicht. 'Hij had een mes. Ik zag het toch?'

'En hij slacht geen eenden,' zei ik. 'Hij heeft geen tanden in zijn mond.'

'Wat heeft dat ermee te maken?' zei Maud.

'Hij kan niet kauwen zonder tanden,' zei ik.
'Maar hij had echt een mes,' zei Jesse.

11

'Waar kom jij vandaan?' vroeg mijn moeder. Ze stond in haar badjas in de keuken.

'Ik was even buiten.'

Ze kwam vlak voor me staan. 'Waarom?'

'Ik was wakker.'

Ze keek streng. 'Fé?'

'Ik kon niet meer slapen, dat is alles.'

'Blijf de volgende keer maar binnen.'

'Waarom?'

'Ik wil niet dat je op straat rondzwerft,' zei ze. 'Daar komt rottigheid van.'

Mijn vader kwam de keuken binnen. 'Rottigheid? Na het ontbijt graag.'

Mijn moeder schudde nee. Dat betekende dat mijn vader geen grapjes mocht maken en dat betekende weer dat er iets mis was. Meestal schudde mijn moeder nee als Bing kwaad of verdrietig was en er maar een heel klein grapje van mijn vader nodig was om alles uit de hand te laten lopen.

Ik vroeg niet waarom mijn moeder aan rottigheid dacht en wat ze ermee bedoelde. Misschien was ze bang dat ik op straat rondhing om te roken en wipkippen te slopen. Op de speelplaats om de hoek was altijd iets kapot.

Het was nog te vroeg voor school. Ik nam een omweg en fietste door het park. Er was bijna niemand. Een man gooide met een stok en een grote hond rende erachteraan. In een van de vogelhokken was een jongen aan het harken.

De broodjatter lag niet meer op de bank, ik zag hem op een smal zijpaadje staan. Hij plaste tegen een boom en hij zag er niet erg geschrokken uit. Toen ik langsreed keek hij op.

'Morgen,' zei hij.

'Morgen,' zei ik terug. Het ging vanzelf. Ik had nog nooit eerder iets tegen hem gezegd. Ik was blij dat hij rechtop stond en dat er niets met hem aan de hand was. Niets extra's, bedoel ik. Niet iets wat onze schuld was. Hij was niet kwaad zo te zien, of hij was wel kwaad maar niet op mij omdat hij me niet herkende.

Ik was niet de enige die tijd over had. Jesse was ook vroeg op school. Hij zat op het muurtje langs het schoolplein. Ik zei niets over het mes van de broodjatter en Jesse ook niet. Hij begon over de karatedemonstratie en over het doek dat ik moest maken. Ik zei dat het feest nog lang niet was. Maar ik moest opschieten, zei Jesse. Ze moesten oefenen. Echte karatevechters oefenden jaren en jaren en het afscheidsfeest was al over een week of acht. Dat was niks. Dat was zo voorbij. En dat doek dat moest zo snel mogelijk klaar, want hoe echter alles was hoe beter het oefenen ging, dat snapte ik toch ook wel?

'Ja hoor,' zei ik.

'Hier,' zei Jesse. Hij duwde een plastic tas in mijn handen. Er zat een laken in.

Ik kon er niet meer onderuit, ik had de naam van Bing nodig. Na schooltijd ging ik op zoek. Ergens in de eetkamerkast moest een vel papier liggen met Vredige IJsbaby in Chinese letters. Er zijn Chinezen die extra mooi kunnen schrijven. Ze maken een kunstwerk van een woord of een naam. Mijn moeder heeft Bing een keer meegenomen naar Amsterdam. Daar woonde, boven een Chinese winkel, zo'n mooischrijver. Iedere keer als mijn moeder erover vertelde, moest ze er zelf het hardst om lachen.

Bing was toen nog klein.

De mooischrijver zei: 'Lief meissie. An Bing Wa lief meissie.'

'Soms,' zei mijn moeder, 'An Bing Wa ook stout meissie!'

Bing heeft altijd beweerd dat ze zich dat heel goed kan herinneren en dat ze zich doodschaamde. Daar geloof ik niets van. Kleuters kunnen zich niet doodschamen, dat komt later pas.

Ik zocht overal in de kast. Op de planken, achter de deurtjes en in de laden. Er was niemand thuis en niemand hoefde te weten wat ik aan het doen was. Vooral Bing niet. In de derde la vond ik een map met Bingspullen. Een paar tekeningen en een stapel formulieren. Bovenop lag het papier met de Chinese letters. Ik rolde het voorzichtig op.

Er was ook een map met spullen van mij. Die zou ik zelf nooit bewaard hebben. Er zaten tekeningen in van mensen met alleen een hoofd en armen. Op één tekening stond een hond met vijf poten. Alleen als je heel goed keek, kon je zien dat de vijfde poot eigenlijk een staart was.

Op mijn kamer tekende ik de letters na op een groot stuk papier. Dat viel niet mee. Iedere letter bestond uit verschillende strepen. Penseelstreken die soms dik en dan weer dun waren. Sommige penseelstreken kruisten elkaar. De eerste letter leek een beetje op een mannetje, de tweede op de letter K met iets raars ervoor en de derde en laatste letter bestond uit twee figuren die nergens op leken. Het duurde lang voordat ik een beetje tevreden was.

Mijn moeder en Bing waren thuisgekomen en ik moest goed opletten. Ik hoorde Bing de zoldertrap op lopen en even later ging mijn moeder naar de wc. Ik sloop naar beneden en legde het vel papier terug. Daarna sloop ik weer naar boven en meteen daarna kwam ik gewoon de trap af.

'Ik ga nog even,' riep ik.

'Wacht eens,' riep mijn moeder van achter de wc-deur terug.

Ik had mijn jack al aan.

Ik ging naar het park. Alweer naar het park. Ik nam mijn tekenboek mee, maar het ging allang niet meer om de vogels. Het ging om Jesse en Maud. Ik moest een beetje in de buurt blijven.

De broodjatter stond bij de eendenvijver met zijn handen op het hek. Hij zag me aankomen. Hij stak zijn hand op. Een beetje maar. Het was geen echte zwaai.

'Hoi,' zei ik. Het was al bijna normaal om de broodjatter te groeten.

Net voorbij het eerste vogelhok zag ik Maud en Jesse zitten. Ze waren aan het zoenen. Ik begreep waarom Bing het bekken noemde. Zo zag het eruit. Het leek niet op een scène uit een plakfilm, het leek op een raar soort happen. Ik kon het niet duidelijk zien, ik wilde er niet eens naar kijken, maar ik wist dat Jesse zijn tong in de mond van Maud had gestopt en Maud haar tong in die van Jesse. Ze proefden elkaars spuug.

Ik liep terug naar de ingang van het park, vlak langs de broodjatter.

'Dag hè,' zei hij.

12

We zaten aan de eettafel.

'Een soort familievergadering,' zei mijn vader. Hij keek naar mij. 'We maken ons een beetje zorgen. Dat wil zeggen... jij maakt je zorgen denken we.'

'En daar maken wij ons natuurlijk zorgen over,' zei mijn moeder.

Het klonk al gelijk erg ingewikkeld.

'Moet dit?' zei Bing.

'Is het moeder nummer nul?' vroeg mijn moeder. 'Of is er iets anders?'

Ik begreep niet waarom ze over mij wilden praten met iedereen erbij.

'Er is niets anders,' zei ik.

'We zijn van plan contact op te nemen met die organisatie,' zei mijn vader.

'Je zwerft de hele tijd maar over straat,' zei mijn moeder. 'En soms sluip je door het huis.'

'Dat is een ander punt,' zei mijn vader. 'Laten we de boel niet door elkaar gooien.'

'Ik gooi niets door elkaar,' zei mijn moeder. 'Ik voel gewoon dat het niet helemaal in orde is. Ik wil alleen maar zeggen dat Fé een beetje raar doet.'

'Ik doe niet raar,' zei ik. 'En je hoeft je geen zorgen te maken.'

'Maar je bedoelt het niet verkeerd,' zei mijn moeder, 'en het is ook helemaal niet erg.'

'Hoe dan ook,' zei mijn vader tegen mij. 'Als jij

naar je moeder gaat zoeken heeft dat gevolgen voor ons allemaal. We moeten er allemaal achter kunnen staan. An?'

'Ja,' zei Bing.

'Ik heb met An gepraat,' zei mijn vader. 'Ze begrijpt het wel.'

'Dat kan ik zelf ook zeggen,' zei Bing.

'Het is niet niks,' zei mijn moeder.

'Natuurlijk blijft alles hetzelfde,' zei mijn vader. 'Maar tegelijkertijd zal er ook veel veranderen.'

'Páp,' zei Bing.

'Ik bedoel dat ons gezin hetzelfde blijft,' zei mijn vader. 'Maar als Fé zijn moeder gaat zoeken...'

'Je moet het wel zeker weten,' zei mijn moeder tegen mij. 'Je kunt altijd stoppen.'

Het was een belangrijk moment, dat begreep ik. Ik moest nadenken en zeggen wat ik ervan vond. Maar ik dacht alleen maar aan Maud en aan Jesse en aan hoe ze zaten te zoenen. Ik dacht aan de broodjatter die tegen me gepraat had. Er was iets mis met mijn hersens. Ze dachten altijd op het verkeerde moment na. Of over de verkeerde dingen.

Bing haalde diep adem. 'Ik vind het moeilijk,' zei ze.

'Natuurlijk schat,' zei mijn moeder. 'Dat mag best.'

'Van mij mag het ook,' zei ik.

Bing deed haar best om niet te gaan huilen. 'Jij kunt er ook niets aan doen,' zei ze.

'Misschien kunnen we jouw moeder gaan zoeken,' zei ik. 'Misschien kan het toch. Als je maar lang genoeg zoekt.'

'Hoe dan?' zei Bing. 'Het is verboden om kinderen zomaar ergens neer te leggen en in China al helemaal. Daar ga je de gevangenis in als je zoiets doet. Dus mijn moeder kijkt wel uit. Die zorgt dat ze nooit gevonden wordt. Die is er meteen vandoor gegaan.'

'Wacht even,' zei mijn vader. 'We waren er niet bij en we weten niet wat er gebeurd is.'

'Het is fijn,' zei Bing, 'dat jij je moeder wel kunt zoeken. Mag ik nu alsjeblieft weg?'

Niemand zei iets. Bing liep de kamer uit. Ze smeet niet met de deur en ze stampte niet op de trap. Ze ging zachtjes naar boven.

'Ik ga zo wel even naar haar toe,' zei mijn vader.

'Zijn we klaar?' vroeg mijn moeder.

Ik knikte.

'We zien wel hoe het verder gaat,' zei mijn vader.

Ik ging op mijn bed liggen om na te denken. Zonder het beestenboek onder mijn kussen. Het beestenboek hielp niet meer.

Mijn moeder had gezegd dat ik het zeker moest weten en dat we er altijd mee konden stoppen. Maar dat was niet waar. Zo was het niet. Ik kon niet stoppen. Het was net alsof ik aan een ingewikkelde tekening was begonnen. Er klopte helemaal niets van, maar ik kon niets meer uitgummen.

Ik dacht niet aan moeder nummer nul zoals eerst. Ik dacht niet dat ik bij haar aanbelde en dat ze dan dit deed of dat. Ik wist dat ik niet bij haar zou aanbellen want ik ging niet zelf zoeken. Andere mensen hadden er nu mee te maken. Mijn vader en moeder en Bing. Maud. En Jesse, want ik wist zeker dat Maud alles aan Jesse had verteld. En straks hadden de mensen van die organisatie er ook mee te maken. De mensen die gingen helpen zoeken. Hoe kon ik dan nog stoppen? Ik wist helemaal niet of ik wilde stoppen, want ik wist niet wie moeder nummer nul was. Ik wilde weten waarom ze me had weggegeven. Ik wilde steeds meer weten. Het ging maar door. Ik kon pas stoppen als ik alles wist, want alle vragen in mijn hoofd kon ik ook niet meer uitgummen.

Ik probeerde om niet aan Maud en Jesse te denken. Maud en Jesse wilde ik het liefst van alles uitgummen.

Ik ging naar de kamer van Bing.
'Bing?' zei ik met mijn mond vlak bij de deur.
'Ja?' zei Bing.
Ik deed de deur voorzichtig open. Bing en mijn vader zaten op het bed. Mijn vader stond op toen ik binnenkwam.
'Ik laat jullie alleen,' zei hij.
Ik ging naast Bing zitten, op de plek waar mijn vader had gezeten.
'Ik wil er niet over praten,' zei Bing.
'Ik ook niet.'
'Wat kom je dan doen?'
'Niks,' zei ik.
'Idioot.'
Bing had zwarte randen om haar ogen. Ze had gehuild en haar make-up was uitgelopen.
'Je lijkt wel een panda,' zei ik.
We zeiden een hele tijd niets. We zaten naast elkaar op het bed van Bing onder de Chinese parasol. Bing

wist hoe het was om een moeder nummer nul te hebben. Ik kende niemand anders die wist hoe dat was.

Mijn moeder kwam naar boven met een schaal popcorn.

'Zitten jullie hier gezellig?' vroeg ze.

Bing en ik keken elkaar aan.

'Ja hoor,' zei ik.

'Jaa,' zei Bing.

'Dat is fijn,' zei mijn moeder. 'Daar ben ik blij om.'

Bing giechelde

'Houden jullie me voor de gek?' zei mijn moeder.

'Nee,' zei ik.

'Neeeee,' zei Bing.

13

Het rare was dat Maud deed alsof er niets aan de hand was. Alsof het heel gewoon was om eerst te zeggen dat ze me leuk vond en daarna met Jesse te gaan zoenen. En nu ze met zoenen begonnen was, kon ze er niet meer mee ophouden.

We waren bijna nooit meer allemaal tegelijk op het veld en daarom werd er niet meer gevoetbald. Als Jesse in het park was, was Maud er ook. Dan zaten ze met z'n tweeën op een bankje of achter de muziektent. Hamid en ik bleven uit de buurt. Ik bleef aan het begin van het park en ik tekende de ene vogel na de andere. Soms was Maud er als Jesse er niet was. Dan ging ze naast me zitten en vroeg ze of ik mijn moeder al gevonden had.

'Nog niet,' zei ik dan.

'Wanneer dan wel?' vroeg ze op een keer. 'Duurt het nog lang?'

'Nee,' zei ik.

Meer wilde Maud niet weten. Ik zou blij moeten zijn dat ze me eindelijk met rust liet, maar in plaats daarvan wilde ik dat ze me iets bijzonders zou vragen. En dat ik dan meteen een antwoord klaar zou hebben. Zonder nadenken.

Op een middag kwam de broodjatter naast me zitten.

'Waarom teken je geen mensen?'

Hij stonk naar drank en prut.

'Ik teken alleen vogels,' zei ik.

'Ik ben een vogel.' Hij lachte. 'Een rare vogel. En ik wil dat je me tekent.'

'Dat kan ik niet.'

'Ah joh,' zei de broodjatter. 'Toe nou.' Hij liep naar het hek bij de eendenvijver en ging met zijn gezicht naar me toe staan.

Als je tekent moet je heel goed kijken, dus dat is wat ik deed. Ik keek heel goed naar de broodjatter. Naar zijn hoofd en zijn jas en naar de manier waarop hij stond en ik probeerde alles precies zó op mijn papier te krijgen.

Hij werd er ongeduldig van. 'Klaar?' riep hij.

'Klaar,' zei ik.

Het was een waardeloze tekening. Er klopte echt helemaal niets van. Mensen zijn geen vogels. De broodjatter kwam vlak voor de bank staan en blies zijn drankadem in mijn gezicht.

'U mag hem hebben,' zei ik.

'Dat is mooi,' zei de broodjatter. 'Ik krijg bijna nooit wat. De mensen kijken een beetje op je neer hè, als je zo mislukt bent als ik.'

Ik had geen zin om te praten over hoe mislukt de broodjatter was. Ik scheurde de tekening voorzichtig uit het tekenboek en rolde hem op.

'Mislukt!' zei de broodjatter. 'Dat weet ik van mezelf. Mij hoor je niet opscheppen. Er zijn er bij die opscheppen, maar waarom zou je dat doen, zeg ik altijd. Als je niks hebt dan heb je niks en al helemaal niet als het je eigen schuld is.' Hij pakte de tekening voorzichtig aan. 'Weet je,' zei hij. 'Je kan nog zoveel meemaken hè, maar de een kan er tegen en de ander niet.'

Hij ging een eindje verderop staan en bukte zich om zijn plastic tasjes onder een struik vandaan te halen. Daarna verdween hij in de richting van de muziektent.

De een kan er tegen en de ander niet, had hij gezegd. Zo ging dat als je veel meemaakte. Ik maakte van alles mee de laatste tijd maar het was vast niet zoveel als de broodjatter bedoelde. En moeder nummer nul? Ze maakte een oorlog mee en gaf haar kind weg. Misschien was dat meer dan de broodjatter bedoelde. Was mijn moeder de een of de ander? Kon ze er tegen of niet? Stel je voor van niet. Dan zou het heel goed kunnen dat ze ook in een park woonde. Misschien dronk ze de hele dag bier en had ze een mes om eenden te slachten. Misschien was dat het antwoord op de vraag waarom ze me had weggegeven. Ze had zoveel meegemaakt dat ze mislukt was. Misschien was ze gek. Of gewond of verminkt. Misschien had ze geen neus of maar één been of geen armen.

De broodjatter deed me ook nog aan iets anders denken. Als er een moeder nummer nul was moest er ook een vader nummer nul zijn. Ik was niet achterlijk, ik wist waar de baby's vandaan kwamen. Ik had altijd al geweten dat er een vader nummer nul moest zijn, maar ik had me nooit echt afgevraagd wie dat was. Ik kwam uit de buik van iemand anders. Zo werd er bij ons thuis over gepraat. Dat ik ook uit de piemel van iemand anders was gekomen, daar hadden we het nooit over. En wie weet was er nog meer. Er zouden broertjes en zusjes nummer nul kunnen zijn. Broertjes en zusjes die na mij of voor mij waren geboren en die niet waren weggegeven. En opa en oma nummer nul, die bestonden ook. Een hele wereld nummer nul tolde in mijn hoofd rond. Het was te veel. Ik had genoeg aan één vader en één moeder. Aan de opa's en oma's die ik kende en aan Bing. Eén Bing was meer dan genoeg.

Ik zag ze voor me: moeder en vader nummer nul en een heel stel kinderen. Ze woonden in het park en ze lagen samen onder een oude jas. Ze hadden allemaal een mes. Er waren bijna geen eenden meer over.

Moeder nummer nul schoof een stukje op. 'Kom er maar bij,' zei ze.

'Nee,' zei ik.

'Je kijkt zeker op me neer.'

'Nee,' zei ik.

'Ik weet dat we mislukt zijn,' zei moeder nummer nul.'

'Dat hindert niet.'

'Gelukkig maar. Dan kunnen we met je mee naar huis.'

'Ik weet niet of mijn moeder dat goed vindt.'

Ze begon te lachen. 'Je moeder? Ben je wel goed bij je hoofd? Wie is hier je moeder? Nou?'

Ze blies haar drankadem in mijn gezicht.

14

Ik begon aan het doek. Ik mocht er op school in de gymzaal aan werken.

Het laken was lichtgeel en aan één kant zat een gebloemde rand.

'Die knippen we eraf,' zei ik.

'Dat zou ik niet doen,' zei Jesse.

'Wie moet de letters schilderen?' zei ik.

'Van wie is het laken?' zei Jesse.

Ik had geen zin om er verder over door te zeuren. Ik begon aan de eerste letter. Eerst schilderde ik met zwarte verf en een dunne kwast de omtrek. Daarna zou ik alles met een dikke kwast invullen. Ik wist dat het niet zo hoorde. Chinezen doen het heel anders. Die schilderen alles met grote zwierige penseelstreken, maar ik wist dat me dat nooit zou lukken.

Jesse hield het laken strak. Na een paar minuten kreeg hij er genoeg van. Hij begon van alles aan te slepen. Een kruk, een doos met houten kegels en een opgerolde mat. Hij verzwaarde de punten van het laken en liet me daarna alleen. Ik vond het best.

Het kostte me een hele tijd om één letter af te krijgen en daarna moest ik de rotzooi opruimen die Jesse had gemaakt.

Ik ging niet naar het park, ik fietste meteen door naar huis. Mijn moeder zat aan tafel. Ze had thee gezet en een pak koekjes klaargelegd.

'Ik heb gebeld,' zei ze. 'Met iemand die je gaat helpen zoeken. We kunnen erheen.'

'Wanneer?'

'Overmorgen.'

Overmorgen was verschrikkelijk snel.

'Ga je mee?' vroeg ik.

'Natuurlijk,' zei ze. 'Of heb je liever...'

'Nee,' zei ik. 'Nee, je moet mee.'

Ze nam een hap van een koekje. Het kraakte in haar mond.

'Is mijn moeder nummer nul daar dan?' vroeg ik.

'Nee,' zei ze. 'We gaan eerst praten. Over hoe het zal gaan. Over jou. Over van alles. Alleen praten nog maar, dat vind je toch wel goed?'

'Nja,' zei ik. Omdat ik begreep dat praten moest, of ik het nu goedvond of niet.

Mijn moeder pakte nog een koekje, maar ze stak het niet in haar mond. Ze bleef ermee in haar hand zitten.

'Wat is er?' vroeg ik.

Ze legde haar koekje neer. 'Het is net alsof er een nieuw hoofdstuk begint.'

Ik begreep wat ze bedoelde.

'Maar dat is niet erg,' zei mijn moeder. 'Als we eraan toe zijn. Ben jij eraan toe?'

Ik had geen idee wat er ging gebeuren, dus hoe kon ik weten of ik eraan toe was of niet?

Ze pakte mijn hand. 'We merken het wel,' zei ze.

Het was rotweer en ik bleef binnen. De regen kletterde tegen de ramen. De volgende dag was het niet veel beter. Het bleef maar doorgaan. Mijn moeder had gelijk: het was net alsof er een nieuw hoofdstuk begon. Soms kijk je naar een film en dan hoor je aan de muziek dat er iets gaat gebeuren. Je ziet het ook: de deuren staan op een kier, het licht schijnt op een rare manier naar binnen en buiten zwiepen de boomtakken heen en weer. Dan weet je dat het mis is, maar de mensen in de film weten nog van niets. Zo voelde ik me: aan alles kon ik merken dat er iets ging gebeuren, maar ik wist nog niet hoe het verder zou gaan. Het huis, mijn kamer, ikzelf. Niets was nog zoals eerst. Zelfs het weer was veranderd. Dat was toeval, dat snapte ik ook wel, maar het leek alsof het speciaal regende voor mij. Zodat ik er met mijn neus bovenop werd gedrukt: nu wordt het serieus.

'Moet je niet naar buiten?' vroeg mijn vader. 'Even een frisse neus halen? Zo erg is het niet om nat te worden.'

'Laat hem maar,' zei mijn moeder.

Ik zat op mijn kamer. Bing op de hare. Mijn vader en moeder zaten beneden bij de tv.

Als ik moeder nummer nul gevonden had, zou ik haar uitnodigen. Ze moest weten waar ik woonde en hoe het met me ging.

Ik nam haar mee naar boven.

'Dit is de kamer van Bing,' zei ik. 'Daar mogen we niet naar binnen. En dit is mijn kamer.'

Ik deed de deur open.

'Mooi,' zei moeder nummer nul. 'Maar wel een beetje klein.'

Mijn moeder kwam thee en koekjes brengen en dat was vreemd want nu stonden er twee moeders naast elkaar en ik was in m'n eentje.

15

We gingen met de trein. Het was druk. Tegenover me zat een vrouw met een grote tas op schoot. In de tas zat een hondje. Een eindje verderop zat een andere vrouw. Ze droeg een strakke jurk en ik kon een stukje van haar borsten zien. Naast haar zat een vrouw met een zonnebril. Ik kon niet zien waar ze naar keek. Misschien keek ze naar mij. Het zou mijn moeder nummer nul kunnen zijn, dacht ik. Waarom niet? Maar dan kon de vrouw met de tas ook moeder nummer nul zijn. Of de vrouw in de strakke jurk. Ik keek om me heen. Er zaten een hoop vrouwen in de trein. Achter in de coupé, vlak bij de deur, zat er een met lang bruin haar. Ik stelde me voor dat ze opstond en naar me toe kwam lopen.

'Fejzo? Ben jij het?'

Ik gaf niet meteen antwoord. De mensen in de trein werden onrustig. Ze keken elkaar aan.

'Fejzo? Ja! Nu zie ik het. Je bent het echt.'

Ik keek naar buiten. We reden langs een weiland, er was geen station in de buurt.

'Ik ben je moeder!' zei de vrouw. 'Hoe vind je dat?'

Halverwege ging ze plotseling zitten. Maar nu stond de vrouw in de strakke jurk op. Ze droeg hoge hakken en ze viel bijna om in het gangpad toen ze naar me toe wilde komen. Haar borsten deinden op en neer.

'Zien jullie het?' zei ze tegen de andere reizigers.

'Zien jullie het? Ik heb mijn zoon teruggevonden. Dáár zit hij!'

De vrouw met de tas hoefde niet op te staan. Ze zat vlakbij. Ze strekte haar armen uit en zei met een hese stem: 'Nu herken ik je pas. Je bent geen baby meer, maar ik herken je. Je bent mijn Fejzo.'

Ik ging zo ver mogelijk naar achteren zitten.

Zo zou het ook gaan als ik mijn echte moeder nummer nul ontmoette. Ze zou een vreemde zijn en ik zou me geen raad weten. De trein schudde heen en weer. Als hij ontspoorde zouden we nooit aankomen, dacht ik. Er zou geen nieuw hoofdstuk beginnen. Alles zou hetzelfde blijven.

De trein ontspoorde niet. Hij reed verder naar het eindstation en iedereen stapte uit. Mijn moeder en ik liepen het station uit en de stad door. We liepen dicht tegen elkaar aan, onder een paraplu. We waren allebei zenuwachtig. Mijn moeder ging alle winkels voorbij zonder in de etalages te kijken. Meestal probeerde ze me een nieuwe broek aan te smeren of een shirt dat ik helemaal niet mooi vond, maar dit keer had ze geen aandacht voor nieuwe kleren. Af en toe keek ze op de routebeschrijving die ze thuis had uitgeprint.

We kwamen te vroeg aan, maar dat was niet erg. Een vrouw liet ons binnen en bracht ons naar een wachtkamer.

'Daar zitten we dan,' zei mijn moeder.

'Gaan ze me van alles vragen?' vroeg ik.

'Ik denk het wel,' zei mijn moeder. 'Maar ze hebben veel ervaring. Ze weten wat ze doen.'

Een jonge man stak zijn hoofd om de deur. 'Fejzo?'

Ik stond op.
'Gaan jullie mee?' vroeg de man.
Mijn moeder en ik liepen achter hem aan naar een kamer. In de deuropening stak hij zijn hand uit. 'Ik heet Jos.'
Ik gaf hem een hand. Slapjes, maar het kon niet meer over want hij had me al losgelaten.

Het gesprek was minder vervelend dan ik had verwacht. Jos stelde vragen. Hij wilde weten of ik veel over moeder nummer nul had nagedacht en ik vertelde hem bijna alles. Jos snapte het meteen. Hij vertelde over andere kinderen en over wat die meestal dachten en dat snapte ik meteen want dezelfde dingen had ik ook al gedacht. Dat het fijn kon zijn om je moeder te vinden of juist helemaal niet. Hij vertelde ook over de moeders zelf. Dat een moeder nummer nul soms niet gevonden wilde worden of niet gevonden kón worden.

Mijn moeder luisterde mee. We zaten een uur in de kamer van Jos en al die tijd zat ze naast me zonder veel te zeggen. Af en toe knikte ze. Soms, als Jos iets aan háár vroeg, gaf ze antwoord. Toen het uur voorbij was, spraken we af voor een volgende keer.

'Het is goed om jullie ook los van elkaar te spreken,' zei Jos.

'Dat denk ik ook,' zei mijn moeder.

Ik vond alles goed, het maakte me niet zoveel uit. Ik was blij dat het gesprek voorbij was en ik had geen zin om nu al over het volgende gesprek na te denken.

We liepen heel rustig terug naar het station.

'Viel het mee?' vroeg mijn moeder.

'Ja,' zei ik.

'Ik keek ervan op,' zei ze. 'Je vertelde zoveel.'

Ze had voor het eerst gehoord wat er allemaal in mijn hoofd zat.

'Is dat erg?' vroeg ik.

'Natuurlijk niet.'

'Vind je het erg dat ik aan een andere moeder denk?'

'Natuurlijk niet.' Ze aarzelde even. 'Niet echt, maar soms is het een beetje spannend.'

'Ja?'

'Dat had ik niet moeten zeggen,' zei ze. 'Daar gaat het niet om. Het gaat om jou.'

Ik vertelde haar over de trein. Over de vrouwen. Dat had ik niet aan Jos verteld. Ik vertelde mijn moeder dat geen enkele vrouw me een aardige moeder nummer nul leek.

'Die vrouw met die tas,' zei ik. 'Die was echt vreselijk.'

De deinende borsten van de vrouw in de strakke jurk liet ik weg. Dat leek me het beste.

'Dat hondje in die tas!' zei mijn moeder. Ze lachte.

In de trein naar huis zaten we tegenover twee vrouwen. De ene had een hoed op en de andere las een boek.

Mijn moeder gaf me een knipoog.

Het eten was klaar. Mijn vader had gekookt. Aan tafel wist ik niet of ik wel of niet over het gesprek moest vertellen, want Bing zat erbij. Mijn moeder begon erover.

'Het ging goed,' zei ze.

'Dat is fijn,' zei mijn vader.

'Het was nog een eind weg,' zei mijn moeder. Ze zei het voorzichtig en lette ondertussen op Bing.

'Ik hoor het straks wel,' zei mijn vader.

Bing at zonder iets te zeggen haar bord leeg.

'Zal ik je helpen met de afwas?' vroeg ik.

'Nee dank je,' zei Bing.

'Ik help je wel,' zei ik.

'Doe normaal.'

'An,' zei mijn moeder. 'Ik begrijp best...'

'We hebben nog een toetje,' zei mijn vader.

Ik probeerde er een grapje van te maken. 'Nog meer afwas!'

'We doen het met z'n allen,' zei mijn moeder. 'Dan is het zo klaar.'

'We doen het met z'n allen,' deed Bing haar na. 'Dan is het zó klaar!'

'Wat is er met jou aan de hand?' vroeg mijn vader.

Bing ging staan. Ze trok haar T-shirt omhoog en duwde haar blote buik naar voren. Er zat een piercing in haar navel.

'Nee,' zei mijn moeder. 'Nee toch. Het is nep. An, zeg dat het nep is.'

'Het is echt,' zei Bing.

'Waarom in je navel?' vroeg ik.

'Waarom niet?'

Bing trok haar T-shirt naar beneden.

'Je had het niet mogen doen,' zei mijn moeder.

'Waar bemoei je je mee?' zei Bing.

'Ik denk dat je nu naar je kamer moet,' zei mijn vader tegen Bing. 'Nu meteen.'

'Maar de afwas dan?' zei mijn moeder.

'Ik ging voor een tattoo,' zei Bing. 'Maar dat mag niet onder de zestien.' Ze keek mijn moeder aan. 'Een tattoo, dáár had je pas over kunnen zeiken.'

'An!' Mijn vader haalde diep adem.

Bing was al bij de deur.

16

De tweede letter leek gemakkelijk, maar juist daardoor viel het tegen. Hij bleef er te nikserig uitzien.

Jesse was nergens te bekennen. Hamid hielp met het laken.

'Het lijkt op een K,' zei Hamid.

'Er moet nog iets bij,' zei ik. Maar ik zag al dat het niet meer goed zou komen.

'Het geeft niet,' zei Hamid. 'Niemand kan het lezen.'

Bing kan het lezen, dacht ik. We hadden allemaal een briefje gekregen met een antwoordstrookje. We moesten opgeven hoeveel mensen met ons mee zouden komen naar het afscheidsfeest.

'We gaan met het hele gezin,' had mijn moeder gezegd.

Bing had niet geprotesteerd. Ze had straf en ze hield zich rustig. Mijn vader had de manege gebeld om te zeggen dat Bing een maand lang niet mocht komen paardrijden.

Maar op een avond hoorde ik mijn vader en moeder in hun slaapkamer praten.

'Ze heeft juist steun nodig,' zei mijn moeder.

Ik was op weg naar de wc. Ik bleef staan en legde mijn oor tegen de deur.

'Er zijn grenzen,' zei mijn vader.

Ze zeiden een tijdje niets. Ik kreeg koude voeten.

'Ik weet niet wat het beste is,' zei mijn moeder.

'Ik ook niet,' zei mijn vader.

De volgende ochtend werd de straf van Bing kwijtgescholden.

'Ik verwacht dat je je best doet,' zei mijn vader.

'Met wat?' vroeg Bing.

'Met alles.'

Bing deed enorm haar best. Als mijn vader en moeder in de buurt waren trok ze haar T-shirt zo ver mogelijk naar beneden.

'Doe je nog een letter?' vroeg Hamid.

Ik schudde mijn hoofd. Eén letter was genoeg. 'Wat denk je,' vroeg ik, 'wordt het goed zo?'

Hamid liet zijn ogen over de letters gaan. 'Nou...' zei hij. 'Ik denk het wel.'

'Weet je het zeker?'

Hij wipte met zijn schoen de bloemetjesrand van het laken omhoog. 'Hoort dit bij karate?'

'Wat denk je zelf?'

'Misschien valt het niet op,' zei Hamid.

Ik ging naar huis om mijn tekenboek te halen. Daarna ging ik meteen door naar het park. Ik was van plan me door niemand te laten storen.

Het was jeu-de-boulesdag. Bij de muziektent waren ze aan het gooien en de broodjatter stond ernaar te kijken. Ik liep snel achter hem langs.

De vogels hadden honger. Een stel kippen en hanen kwam op me af rennen. Ik joeg ze weg. Half onder een struik zat een gans te slapen, hij had zijn kop weggestopt onder zijn vleugel. Hij zat mooi stil en ik pakte mijn potlood. Ik had nog maar een paar lijntjes getekend toen er twee handen over mijn ogen werden gelegd. Het waren warme handen en ze roken naar gras. Ik wist dat ze van Maud waren.

'Jij bent het,' zei ik.

'Wie is jij?' vroeg Maud.

Ik duwde haar handen weg. Ze kwam naast me op de bank zitten.

'Wat ben je aan het doen?'

'Dat zie je toch?'

Ik tekende het lijf van de gans. Maud keek mee. De nek van de gans lag achterover en zijn snavel zat onder zijn veren.

'Een gans zonder kop,' zei Maud.

'Hij slaapt,' zei ik.

'Vandaar,' zei Maud.

Ik hoopte dat ze weg zou gaan, maar ze bleef zitten.

'Hoe is het met je moeder?' vroeg ze.

'Goed,' zei ik.

'Is ze al gevonden?'

'Nee.'

Meer viel er niet over te zeggen. Het gesprek met Jos had zo'n grote stap geleken, maar eigenlijk was er niets gebeurd. Ik wachtte op een volgend gesprek, dat was alles.

Ik tekende verder en na een tijdje kreeg Maud er genoeg van. Ze liet me alleen.

Een paar dagen later gingen mijn vader en moeder samen naar Jos. Ik bleef thuis en de hele tijd vroeg ik me af waar ze het over zouden hebben.

'Jos is goed,' zei mijn moeder toen ze terugkwam.

'Ik heb er alle vertrouwen in.'

'Ik ook,' zei mijn vader.

'Maar waar hebben jullie het over gehad?' vroeg ik.

'Over jou,' zei mijn moeder. 'Over hoe we jou het beste kunnen helpen. En over ons. Over hoe wij ons voelen.'

'Hoe voelen jullie je dan?'

'Met ons gaat het prima,' zei mijn vader.

'Dat is geen antwoord,' zei mijn moeder. 'Fé is natuurlijk benieuwd.' Ze legde haar hand op mij schouder. 'Wij moeten ook nadenken over hoe het zal gaan en over wat we moeten doen. Jos helpt ons op weg.'

'Daarom is het zinvol, zo'n gesprek,' zei mijn vader.

'Hebben jullie ook over Bing gepraat?' vroeg ik.

'Ja,' zei mijn moeder een beetje aarzelend. 'Over hoe we háár het beste kunnen helpen.'

Ik ging moeder nummer nul zoeken en iedereen moest geholpen worden. Daar kwam het op neer. Alles werd steeds ingewikkelder en groter en ergens klopte dat niet. Zo had ik het niet bedoeld. Ik dacht aan Maud. Aan hoe ze alles groter en belangrijker maakte dan nodig was. En nu deed ik hetzelfde. Ik wilde zeggen dat ze niet meer naar Jos moesten gaan. Dat ze niet geholpen hoefden te worden. Dat niemand geholpen hoefde te worden omdat het een vergissing was. Zo belangrijk was moeder nummer nul niet.

'Gaat het?' vroeg mijn vader.

Mijn moeder drukte me tegen zich aan.

'Het komt in orde,' zei mijn vader. 'Helemaal in orde.'

De volgende dag was het tijd voor mijn tweede gesprek. Mijn moeder bracht me naar Jos en daarna ging ze de stad in.

'Zo,' zei Jos. 'Alles goed?' Hij had een map op schoot met losse vellen papier.

'Ja,' zei ik.

'Heb je nog vragen?' zei Jos. 'Naar aanleiding van de vorige keer?'

'Nee, niet echt.'

'Niet?'

'Komt het goed met Bing?'

'Wie is Bing?'

'Mijn zus.'

Jos bladerde in zijn papieren. 'An. Hier staat dat ze An heet.'

'An is Bing,' zei ik. Het gesprek liep heel anders dan de bedoeling was.

'Over An kan ik niet veel zeggen,' zei Jos. 'Maar je hoeft je daar geen zorgen over te maken. Ik wil het vandaag liever over jou hebben.'

Ik wilde het niet over mij hebben. Hoe moest ik dat aan Jos uitleggen? Misschien was er niet genoeg mij. Niet genoeg om zoveel moeite voor te doen. Het leek alsof ik iedereen voor de gek hield.

Jos stelde vragen en ik gaf antwoord. We praatten een tijd over moeder nummer nul. Jos legde uit hoe het zoeken zou gaan.

Na een uur waren we klaar.

'We maken een nieuwe afspraak,' zei Jos. 'Dan praten we verder.'

Nog meer praten.

'We zullen het snel doen.' Jos stond op. 'Maandagmiddag?'

'Ik vraag het aan mijn moeder,' zei ik. 'Of ze dan kan.' Het klonk kinderachtig.

De tijd ging maar langzaam voorbij. Ik tekende op school de laatste letter en dat was moeilijk, want eigenlijk waren er twee naast elkaar en ze waren alle twee heel ingewikkeld. Het laken moest één dag drogen en daarna rolde ik het op.

Ik ging steeds meer opzien tegen het nieuwe gesprek.

'Ik breng je erheen,' zei mijn moeder. 'En zal ik dan mee naar binnen gaan?'

'Dat hoeft niet,' zei ik. 'Ga maar iets anders doen.'

'Oké.'

'Ik wil geen nieuwe onderbroeken,' zei ik. Die had ze de vorige keer al voor me gekocht.

We gingen voor de derde keer met de trein. Er waren net zoveel vrouwen als anders, maar ik keek de andere kant op, naar buiten. We stapten uit en liepen door de stad. Mijn moeder bracht me naar Jos. Ze bleef in de wachtkamer zitten tot hij me kwam halen.

Jos had dit keer niet veel te vragen. Hij legde uit hoe het verder zou gaan. Hij ging er net als iedereen van uit dát het verder zou gaan en ik hield mijn mond. Ik was blij dat ik niet zoveel hoefde te zeggen.

Jos gaf me een hand. Het was voorlopig ons laatste gesprek, zei hij. Maar ik mocht hem altijd bellen. Als er iets was. Als ik iets wilde vragen. Als ik iets wilde vertellen.

'Dat zal ik doen,' zei ik.

17

'Nu is het echt begonnen hè?' zei mijn vader. 'Vind je het spannend?'

'Gaat wel,' zei ik.

De zoektocht was begonnen, maar erg spannend was het niet. Het voelde niet als een begin, ik had juist het idee dat er van alles was afgelopen. Ik hoefde niet meer te praten en niets meer te beslissen. Ik hoefde niets meer te denken want daar was het nu te laat voor. Voor het eerst sinds weet ik hoe lang voelde ik me rustig. Mijn moeder maakte zich ongerust.

'Ben je aan het piekeren?' vroeg ze.

'Nee,' zei ik.

'Ik begrijp het wel, hoor,' zei ze. Maar ze begreep het niet. Nu ik me druk zou moeten maken omdat moeder nummer nul bijna gevonden was, had ik een leeg hoofd. Nee, dat is niet waar. Het was niet leeg, maar wel een stuk leger dan eerst.

Op een avond kwam Bing naar mijn kamer.

'Mag ik binnen?' vroeg ze.

Ik wilde nee zeggen omdat Bing en ik dat meestal zeiden als we elkaars kamer in wilden.

'Ja?' zei Bing. Er zat een bibber in haar stem.

'Ja,' zei ik.

Ze ging op mijn bed zitten. 'Ik ga naar China,' zei ze.

'Niet waar,' zei ik.

'Wel waar.'

'Maar je kunt niet naar China,' zei ik. 'Je moet naar school en je hebt geen geld.' Ik dacht even na. 'En je spreekt geen Chinees.'

'Dat komt nog wel.'

'Dus je gaat niet nu?'

'Nee.'

'Jammer.'

'Even serieus,' zei Bing. 'Als ik klaar ben met school dan ga ik.'

'En dan?' vroeg ik.

'Ik huur een Chinese detective.'

'Die bestaan niet.'

'Jij hebt Jos,' zei Bing.

'Maar dat is anders. Jos is geen detective. Jos is...' Ik wist niet wat Jos was. 'Waarom ga je niet naar de tv?' zei ik. 'Naar *Spoorloos*?'

'Doe niet zo achterlijk.'

'Die nemen je zo mee naar China.'

'O ja?'

'Ja.'

'En dan komt mijn moeder tevoorschijn en dan vertelt ze dat ze me buiten heeft neergelegd. En dan vertel ik dat ik bijna bevroren was. En dan vertelt zij weer dat ze hard wegrende en dat het haar helemaal niets kon schelen dat ik bijna bevroren was. En dat zegt ze allemaal met een camera erbij. Ja hoor.'

Dat van die bijna bevroren Bing wist ik niet. Dat hoorde ik voor het eerst.

'Ik neem een Chinese Jos,' zei Bing. 'Ik laat hém zoeken.'

'Maar er is geen Chinese Jos!'

Ze keek me aan. 'Je moet erin geloven.'
'Maar hoe...'
Ze stond op en liep de kamer uit.
'Ik geloof erin!' riep ik snel.
'Niet!' zei Bing.
'Ja!' riep ik. 'Ik geloof erin!' Ik liep achter haar aan maar ze was al op haar eigen kamer en de deur was dicht.

Ik lag met mijn handen onder mijn hoofd een beetje weg te doezelen. Mijn moeder maakte me wakker.
'Weet jij waar An is?' vroeg ze.
Het was laat. Buiten begon het donker te worden.
'Ze was hier,' zei ik. 'Maar dat is al een tijd geleden.'
'Hoe lang geleden?'
'Een uur?' gokte ik.
'Zei ze iets?'
'Iets over China.'
Mijn moeder liep door het huis en deed alle deuren open en dicht. Ik liep achter haar aan, al wist ik zeker dat Bing zich niet in de badkamer of de meterkast had verstopt. Ze probeerde Bing te bellen. Met een boos gezicht herhaalde ze wat ze te horen kreeg: 'Met An... Ik ben er even niet... Doei.'
'Ze is vast bij een vriendin,' zei mijn vader.
'Die nummers heb ik niet,' zei mijn moeder. Ze stuurde Bing een sms'je. Natuurlijk kwam er geen bericht terug.
Mijn vader wilde dat ik ging slapen en ik ging naar mijn kamer. Even later hoorde ik de voordeur dicht-

slaan. Ik keek uit mijn raam. Mijn vader hield links aan en mijn moeder sloeg rechtsaf.

Ik vroeg me af of Bing alvast naar China was vertrokken. Uit kwaadheid, omdat ik had gezegd dat het niet kon. Maar zo gemakkelijk ging dat niet. Ze had een paspoort nodig en een vliegticket. Ik geloofde niet dat ze echt weg was. Ze stond waarschijnlijk ergens vlakbij op de stoep of ze was een milkshake aan het drinken in de snackbar. Als je wegloopt wil je gevonden worden, dat wist ik van mezelf. Ik had een keer een halfuur om de hoek staan koukleumen. Het was midden in de winter en ik was naar buiten gegaan omdat ik met kaarten had verloren. Ik wist dat Bing vals had gespeeld.

'Waar bleef je nou?' zei ik tegen mijn vader toen hij me eindelijk kwam halen.

'Ik dacht: die laat ik even afkoelen,' zei mijn vader.

'Was je niet bezorgd?'

'Je bent er toch nog?'

'Dat wist je niet,' zei ik.

'Natuurlijk wist ik dat,' zei mijn vader.

Ik werd zo boos dat ik bijna opnieuw was weggelopen, maar het was te koud. Ik had geen zin meer.

Zoiets was er ook met Bing aan de hand. Ik had haar boos gemaakt en nu was ze ergens buiten aan het wachten totdat ze gevonden werd. Toch zat me iets dwars. Als ík haar boos had gemaakt moest ík haar dan niet gaan zoeken?

Ik trok de voordeur achter me dicht en liep in de richting van het park.

'Bing!' riep ik onder het lopen. 'Bing!'

Het klonk belachelijk. Alsof ik een hond riep.

Het park was stil en donker. Ik durfde niet zo goed verder te gaan. Overdag was ik niet bang voor de broodjatter, maar 's avonds kwam ik hem liever niet tegen. Nu ik in m'n eentje was dacht ik toch weer aan dat mes. Maar als hij een mes had en Bing was in het park...

'Bing!' riep ik zo hard als ik kon. 'Bing. Ben je daar?'

'Fé?' Het klonk zacht alsof het van ver kwam. Ik kon het bijna niet horen.

Ik rende over het pad langs de vogelhokken. 'Bing!'

Mijn voeten roffelden over de brug.

Bing zat op één van de banken aan de overkant van het water. Naast haar zat de broodjatter.

'Wat kom je doen?' zei Bing.

'Iedereen zoekt je.'

'Hoe wist je dat ik hier was?'

'Ik ging gewoon deze kant op,' zei ik. 'Vanzelf.'

De broodjatter nam een slok uit een blikje bier. Bing stak haar hand uit.

'Niet doen,' zei ik.

Drinken uit hetzelfde blikje als de broodjatter was nog smeriger dan zoenen.

'En wat heb jij daar mee te maken?' zei de broodjatter.

Hij gaf het blikje aan Bing en Bing dronk het leeg. Ze hield het ondersteboven, er drupte bier op haar broek.

'Ik ben haar broer,' zei ik.

De broodjatter keek naar Bing en daarna naar mij en daarna weer naar Bing. 'Welnee.'

Ik trok Bing overeind.

'Afblijven,' zei de broodjatter.

'Het is echt mijn broer,' zei Bing. Ze liet het blikje op de grond vallen.

'Oja?' zei de broodjatter. 'Weet je het zeker?'

'Doe niet zo moeilijk,' zei Bing. 'Natuurlijk weet ik het zeker.'

'Neem me vooral niet kwalijk,' zei de broodjatter. 'Dat ik het niet meteen geloofde.'

'We gaan naar huis,' zei ik tegen Bing. 'Nu meteen.'

Bing zwikzwakte nog erger dan anders. Het lag niet alleen aan haar hoge hakken.

'Ben je dronken?' vroeg ik.

'Nee,' zei Bing. Op de brug bleef ze staan. Ze boerde.

'Ga je spugen?' vroeg ik.

'Helemaal niet,' zei Bing. Ze had het nog niet gezegd of alles kwam eruit.

'In het water!' riep ik.

Het was te laat, Bing kotste de brug onder.

Iemand zou het moeten opruimen, maar ik ging het echt niet bij elkaar vegen. Ik werd al misselijk als ik eraan dacht.

Bing zocht houvast en ik greep haar bij haar elleboog. Haar hand wilde ik niet beetpakken, daar had ze net haar mond mee afgeveegd.

Mijn vader en moeder zaten thuis te wachten.

'Bing hoeft geen straf,' zei ik.

'En waarom niet?' zei mijn vader.

'Omdat het mijn schuld was.'

'An?' zei mijn vader tegen Bing. 'Hoe zit dat?'
'Ik weet het niet,' zei Bing.
'En heb je gedronken?' vroeg mijn moeder. 'Ik ruik het.'
'Er waren jongens,' zei ik, voordat Bing over de broodjatter kon beginnen. 'Ze hadden bier en omdat Bing kwaad was heeft ze een paar blikjes leeggedronken.'
'Ik vroeg het niet aan jou,' zei mijn moeder.
'Welke jongens?' vroeg mijn vader.
'Gewoon jongens,' zei Bing.
'En meisjes,' zei ik omdat ik aan mijn vader zag dat hij zich kwaad begon te maken over de jongens die ik net verzonnen had.
'Jij gaat naar bed,' zei mijn vader tegen mij.
'Maar dat Bing kwaad was kwam door mij,' zei ik. 'Daar gaat het om!'
Mijn vader duwde me zachtjes de kamer uit. 'We zoeken de rest morgen uit. Nu naar boven.'
Ik liep langzaam de trap op in de hoop dat ik nog iets kon horen van wat er in de kamer gebeurde, maar de kamerdeur ging alweer open en Bing kwam achter me aan. Ze ging de badkamer in en ik hoorde haar de douchekraan opendraaien.

Toen ik al bijna sliep kwam ze mijn kamer binnen. Zonder te kloppen.
'Fé?' zei ze.
'Mmm?'
'Ik wil niet dat jij je moeder vindt.'
Ze ging op het voeteneind van mijn bed zitten. Ik voelde de matras een beetje inzakken.

'Maar daar moet je je niks van aantrekken. Je moet haar vinden, ook al wil ik het niet.'

'Je bent gek,' mompelde ik.

De volgende ochtend belde mijn moeder met de Chinese adoptievereniging en maakte een afspraak met de praatgroep. Bing kreeg geen straf. Ze kreeg hulp.

Ik wist niet eens dat er een Chinese adoptievereniging met een praatgroep bestond.

'Wat doen ze daar?' vroeg ik aan Bing.

'Praten natuurlijk.'

'Alleen praten?'

'Ik denk het wel. Je zit in een kring en er zijn allemaal mensen die ook geadopteerd zijn en die ook uit China komen.'

Als ik Bing was zou ik voor straf kiezen. Een maand geen paardrijden, dat was nog te doen.

Maar Bing vond de praatgroep een goed idee. 'Eén ding,' zei ze. 'Als het niks is, hou ik er meteen weer mee op. En er mag niemand bij.'

'Het is een groep,' zei ik. 'Dus er is altijd iemand bij.'

'Je begrijpt best wat ik bedoel. Papa mag er niet bij en mama niet en jij niet.'

'Is er ook een Bosnische adoptievereniging?' vroeg ik aan mijn moeder.

'Nee,' zei ze. 'Er zijn bijna geen Bosnische adoptiekinderen in Nederland.'

'Gelukkig maar.' Ik zei het zo opgelucht mogelijk.

'Ben je daar blij om?' vroeg mijn moeder.

'Nja,' zei ik.

Hoe zou het zijn om andere Bosnische kinderen te

ontmoeten? Zouden ze hetzelfde denken en hetzelfde voelen? Als dat zo was zouden we in een kring zitten zonder veel te zeggen. Onze hersens zouden allemaal tegelijk de verkeerde kant op denken.

Bing ging één keer per week naar haar adoptievereniging. Ze wilde er niet over praten. Dat snapte ik. Praten over een praatgroep, daar kon je beter niet aan beginnen.

Ik wachtte op een bericht van Jos. Ik mocht hem bellen, had hij gezegd. Maar hij had ook gezegd dat hij niet wist hoe lang het zou duren voordat moeder nummer nul gevonden werd. Áls ze gevonden werd.

18

Ik had het druk. Het afscheidsfeest kwam dichterbij en Hamid en Jesse wilden oefenen.

We maakten één kant van het laken aan het wandrek in de gymzaal vast. We rolden het op en bonden er een touwtje omheen. Het was de bedoeling dat Jesse, Hamid en ik tegelijk aan zouden komen lopen. Alle drie in een zwarte trainingsbroek en een zwart T-shirt. Ik moest het touwtje lostrekken en het laken uitrollen. Jesse en Hamid zouden voor het laken gaan staan en een karatedemonstratie geven.

'En wat moet ik dan doen?' vroeg ik.

'Het laken uitrollen,' zei Hamid.

'En dan?'

'Het laken vasthouden,' zei Hamid.

'En naar het publiek kijken en af en toe iets roepen,' zei Jesse.

'Wat roepen?' zei ik. 'Ik weet helemaal niet wat ik moet roepen.'

Jesse deed het voor: 'Yoi! Káááái! En dat roep je dus iedere keer als wij een karateklap geven.'

'Als je karate doet, moet je iets in tweeën slaan,' zei ik. 'Een stapel bakstenen. Of een plank.'

'Wij slaan de lucht in tweeën,' zei Hamid.

'In duizend stukjes,' zei Jesse.

Ik liep naar het wandrek en trok het touwtje los. Jesse en Hamid zwaaiden met hun armen.

'Kai,' zei ik.

We oefenden iedere middag. Toch was ik op de avond van het afscheidsfeest zenuwachtig, maar omdat iedereen zenuwachtig was, viel het niet op. Ik was bang dat ik het touwtje van het laken niet los zou kunnen krijgen en ik was bang dat ik geen 'Kai' zou kunnen roepen. En wat zou er gebeuren als ik het laken uitrolde?

De gymzaal was versierd en er stonden rijen stoelen klaar. We hadden met de hele klas op school gegeten en nu keken we hoe alle vaders en moeders en alle andere familieleden binnenkwamen en gingen zitten.

De avond begon met een praatje van Willem. Hij vertelde dat we een bijzondere klas waren. Zo'n bijzondere klas had hij in jaren niet gehad.

Jesse klapte in zijn handen.

'Kappen,' zei Hamid.

We stonden met de hele klas op een kluitje achter een gordijn te wachten tot we mochten optreden. Het was niet de bedoeling dat iemand ons zou horen.

Er waren een hoop playbacknummers. Die waren het eerst aan de beurt. Ik heb nooit begrepen wat er zo leuk is aan playbacken. Iemand zingt zogenaamd en iedereen kan zien dat het zogenaamd is. Meestal klopt er niets van. Er horen dansjes bij en die zijn wel echt en dus gaat er altijd iets fout. Ook nu. Er was een dansje dat helemaal mislukte. Niemand vond het erg behalve de meisjes die het lieten mislukken.

Het duurde lang voordat het playbacken voorbij was. Ik geloof dat er wel een stuk of tien verschillende liedjes waren. En er was nog meer muziek. Een band met twee gitaren en een drumstel, een band met gitaren zonder drumstel, een saxofoonoptreden en een koortje van drie meisjes die alles zelf deden zonder dat er ook maar iets fout ging. Ze konden fantastisch zingen. Alle drie net een beetje anders, maar zó dat het bij elkaar paste. In de gymzaal klapten ze zo hard als ze konden. Ik kreeg wiebelknieën. Na zoiets moois zou de karatedemonstratie er stom uitzien.

We liepen met z'n drieën tegelijk de gymzaal in. Jesse, Hamid en ik. Jesse en Hamid bleven staan en ik liep door naar het wandrek. Ik keek naar de mensen op de stoelen. Mijn vader en moeder en Bing zaten op de tweede rij, vlak naast de vader en moeder van Jesse. Mijn vader knikte naar me.

Ik peuterde aan het touwtje. Het ging niet los en ik begon eraan te trekken, maar daar werd het alleen maar erger van. Het duurde veel te lang. Jesse kwam naast me staan en duwde me opzij. Hij trok zo hard aan het touwtje dat het knapte. Ik greep het laken en rende achteruit zodat het strak kwam te staan.

De moeder van Jesse schoot overeind. 'Mijn laken!' riep ze.

De mensen in de zaal keken. Er werd gelachen.

'Shit,' zei Jesse.

Bing lette niet op de moeder van Jesse. Ze staarde naar de letters. Vredige IJsbaby. Ze bewoog haar hoofd langzaam heen en weer alsof ze het een paar keer overlas. Toen keek ze me strak aan.

Ik wees naar het laken en daarna richtte ik mijn vinger op Bing. 'Voor jou,' zei ik zonder geluid.

Ze reageerde niet, maar ik kende haar. Nog even en ze zou opspringen en kwaad de zaal uit lopen.

Voor jou, gebaarde ik zo duidelijk mogelijk.

Bing tikte met haar vinger op haar voorhoofd. Haar lippen vormden een woord dat ik meteen begreep: idioot! Maar ze was niet kwaad. Een brede grijns kwam op haar gezicht.

Toen deed ik iets wat niemand van me verwachtte. Iets wat ik niet van mezelf verwachtte. Ik riep: 'Yoi! Káááái!'

Meteen was het stil. We konden beginnen. Ik had nog steeds wiebelknieën, maar dat was niet zo erg want ik stond achter het laken en er waren niet veel mensen die op mij letten. Iedereen keek naar het armgezwaai van Jesse en Hamid. Volgens mij wist niemand wat het voor moest stellen. En niemand wist wat er op het laken stond. Niemand behalve Bing en ik. Zelfs mijn vader en moeder hadden het niet door. Die zaten met open mond te kijken hoe de lucht in duizend stukjes werd geslagen.

19

Mijn vader en moeder brachten me samen naar bed. Ik vond het raar, maar ik was net voor het allerlaatst op de basisschool geweest en misschien wilden ze er een bijzondere avond van maken. Gelukkig gingen ze niet meteen mee. Ze bleven beneden wachten tot ik mijn tanden had gepoetst.

Toen ik klaar was kwamen ze de trap op.
'Het was leuk vanavond,' zei mijn moeder.
'Die zingende meisjes,' zei mijn vader.
Mijn moeder gaf hem een duw. 'En Fé.'
'Natuurlijk,' zei mijn vader. 'En Fé.'
Ik ging in mijn bed liggen. 'Welterusten,' zei ik.
Ze bleven in mijn kamer staan.
'Er is nog iets,' zei mijn vader. 'Jos heeft gebeld.'
'Het was een beetje lastig,' zei mijn moeder. 'We hadden het meteen moeten vertellen, maar je moest nog optreden en het leek ons beter even te wachten.'
'Tot het voorbij was,' zei mijn vader.
Ik schrok. 'Wat zei Jos?' vroeg ik.
'Dat er nieuws is,' zei mijn vader. 'We gaan er maandagochtend meteen naartoe.'
'Dat is pas over twee dagen,' zei ik.
'Ik weet het, schat,' zei mijn moeder. 'Je moet even afwachten en niet meteen blij worden. Jos zei dat er nieuws was, maar nog lang geen zekerheid. Dat we dat niet moesten denken.'
'Wat niet moesten denken?'

'Dat het nu in orde is.'

'Het beste kunnen we doen wat Jos zegt,' zei mijn vader. 'Rustig afwachten.'

'Welterusten,' zei ik voor de tweede keer.

'Moet ik even bij je blijven?' vroeg mijn moeder. 'Wil je nog even praten?'

'Nee,' zei ik.

Mijn vader en moeder liepen onhandig de kamer uit, alsof ze eigenlijk niet wilden.

'Welterusten,' zei mijn vader in de deuropening.

Ik had al twee keer welterusten gezegd en dat vond ik wel genoeg. Ik trok mijn dekbed over mijn oren.

'Als er iets is, kom je maar,' zei mijn moeder. 'Doe je dat?'

'Ja hoor,' zei ik.

Ik bleef de hele nacht liggen. Ik ging mijn bed niet uit, al kon ik niet slapen. Ik keek af en toe op mijn wekker. De tijd schoot niet op.

'Wat zie jij er moe uit,' zei mijn moeder bij het ontbijt.

Verder zei ze niet veel bijzonders en mijn vader ook niet. Ik voelde dat ze expres niet over moeder nummer nul begonnen. Misschien was dat een tip van Jos.

Bing lag nog in bed. Ik wist niet wat ik moest doen als ze wakker werd.

'Weet Bing het al?' vroeg ik.

'Ja,' zei mijn moeder.

'Maak je maar niet te druk over Bing,' zei mijn vader. 'Je hebt al genoeg om over na te denken.'

'Mag ik naar buiten?' vroeg ik.

Mijn moeder schoot in de lach. 'Natuurlijk mag je naar buiten. Dat hoef je anders toch ook niet te vragen?'

'Laten we alles maar net als anders doen,' zei mijn vader.

Ik nam mijn tekenboek mee naar de sloot naast ons huis. Ik probeerde een zwemmende eend te tekenen. Ik was er zo mee klaar. Zwemmende eenden zijn niet moeilijk genoeg. Het zijn net badeenden, maar dan levend, en hoe ze in elkaar zitten kun je helemaal niet zien omdat hun poten onder water zijn verdwenen. Ik liep een stukje verder en voordat ik het wist was ik toch weer op weg naar het park.

De zon scheen. Op mijn bank zat een vrouw. Ze had haar rok een stukje omhoog geschoven en haar benen voor zich uitgestrekt. De bank daarnaast was ook bezet. Er zat een vrouw met opgerolde broekspijpen. Er waren andere banken. Plaats genoeg. Maar de vrouwen keken naar me en ik wilde niet gaan zitten. Ik liep door naar het speelveld.

Op de brug zag ik al dat Maud er was. Ze had een deken op het grasveld gelegd. Ze lag languit op haar buik te lezen. Ik wist niet of ik door moest lopen of juist niet, maar ze riep me.

'Hé!'

Op de brug nam ik een grote stap over de kotsvlek van Bing. Iemand had geprobeerd de brug schoon te maken, maar het was net niet helemaal gelukt.

Maud schoof een stukje op en ik ging op een punt van de deken zitten.

'Waar is Jesse?' vroeg ik.

'Jesse is een sukkel.'
Ik liet haar praten.
'Hij was de hele tijd al een sukkel,' zei Maud. 'Ik wist het alleen nog niet.'
Ze had een korte broek aan zodat ik haar blote benen kon zien. Ze waren dun en wit. Om haar enkel zat een zilveren kettinkje. De wrat onder haar hiel was verdwenen.
Ze ging op haar zij liggen. 'En je moeder?' vroeg ze.
'Ik hoor het maandag.'
'Wat hoor je dan?'
'Dat weet ik nog niet.'
'Gaat het over moeder nummer nul?' vroeg Maud.
Het klonk onaardig, moeder nummer nul, dat viel me nu pas op. Ze had een andere naam nodig. Misschien zou ik haar maandag een hand moeten geven en dan zou ik iets moeten zeggen. Dag mama? Nee. Ik wilde geen mama zeggen. Dag mevrouw? Ook niet. Dag mevrouw de biologische moeder, mevrouw de echte moeder, mevrouw de weggeefmoeder? Het werd minder eng als ik er een spelletje van maakte. Ik ben Fé, ik ben uw weggeefkind, uw biologische Fejzo.
'Ja of nee?' vroeg Maud.
Ze had de witste benen die ik ooit had gezien. Boven één van haar knieën zat een grote blauwe plek.
Omdat ik mijn mond hield, gaf Maud zichzelf antwoord: 'Ja.'
Ik kreeg zin om 'rot nou eens op' te zeggen. Ik moest me inhouden want ik zat op de deken van Maud, op de plek die zíj had uitgezocht.

'Ik heb nog een hoop te doen,' zei ik.
'Zoals wat?' vroeg Maud.
'Rot nou eens op,' zei ik snel.
Maud moest er vreselijk om lachen. 'Wat zei je daar?'
'Rot nou eens op.' Ik zei het nog steeds veel te snel, met een raar hoog stemmetje, zonder dat ik het wilde.
Maud lag achterover op de deken te schateren en ik moest er nu zelf ook om lachen. Wat Maud van me dacht moest ze zelf maar weten. Het kon me niets meer schelen.

Op de terugweg ging ik eerst langs de vogelhokken. De vrouwen zaten er nog. Ik deed net alsof ik al de hele tijd van plan was geweest naar de muziektent te gaan en volgde het pad verder langs de eendenvijver. Halverwege kwam ik de broodjatter tegen.
'Dag broer,' zei hij.
Dag broodjatter, wilde ik zeggen. Ik slikte het net op tijd in.
'Hoe heet u eigenlijk?' vroeg ik.
'U?' zei de broodjatter. 'U? Toe maar.' Hij zette zijn plastic tasjes neer. 'Anton. Zo heet ik. Antonius eigenlijk.'
'Antonius,' zei ik.
'Juist,' zei de broodjatter.

Thuis was het stil. Mijn vader was boodschappen aan het doen en mijn moeder las de krant. Ik ging naar de zolder. Bing zat achter de computer.
Ze schoof een stukje op. 'Vijf minuten,' zei ze dreigend.

Ik tikte *pelikaan* in het zoekvenster.
'Probeer dit eens,' zei Bing. 'Pinguïn.'
'Er zijn geen schilderijen van pinguïns,' zei ik.
'Kraai?'
Ik schudde mijn hoofd.
'Gans,' zei Bing.
Ik tikte: *gans*. De vijf minuten waren allang voorbij.

20

Zondag was een lange dag. Ik had geen zin om naar buiten te gaan omdat ik niemand tegen wilde komen. Ik had geen zin om te praten, zelfs niet met mijn vader en moeder en ook niet met Bing. Alle gesprekken gingen over moeder nummer nul of juist niet over moeder nummer nul. De gesprekken die juist niet over moeder nummer nul gingen waren het ergste. Omdat het er zo dik bovenop lag.

'We moeten een keer naar Amsterdam,' zei mijn moeder. 'Naar het Waterlooplein. Daar hebben ze bakken vol ansichtkaarten.'

'Zoek je nog iets speciaals?' vroeg mijn vader aan mij. 'Wist je dat er eindeloos veel schilderijen met schapen bestaan? Volgens mij hebben we nog nooit een ansichtkaart van een schapenschilderij gevonden.'

'Nee,' zei ik.

'Dan gaan we een keer zoeken,' zei mijn moeder.

De volgende morgen zeiden ze niets meer over schapenschilderijen. Mijn vader en moeder en Bing zaten aan de ontbijttafel te wachten. Ik ging zitten en ik staarde naar mijn bord.

'Alles in orde?' vroeg mijn vader.

'Nja,' zei ik.

'Ik weet niet hoe we dit het beste kunnen doen,' zei mijn moeder. 'Papa en ik gaan allebei mee, maar Bing wil thuisblijven.'

'Ik hóéf toch niet mee?' zei Bing.

'Nee, natuurlijk niet,' zei mijn vader.

'Maar dan ben je alleen,' zei mijn moeder.

Mijn vader pakte zijn sleutelbos. 'Laten we het niet te moeilijk maken,' zei hij. 'Het is goed zo.'

We stapten zonder Bing in de auto. Mijn moeder reed en ik zat samen met mijn vader op de achterbank. Ik zag Bing boven achter het raam van haar slaapkamer staan. Toen de auto wegreed stak ze haar hand op.

Ik leunde een beetje tegen mijn vader aan. Hij legde zijn arm om mijn schouders.

'Wat moet ik straks doen?' vroeg ik.

'Eerst maar eens horen wat Jos te zeggen heeft,' antwoordde mijn vader. 'Wil je dat wij mee naar binnen gaan?'

'Ja,' zei ik. 'Maar pap, hoe moet het dan verder? We gaan bijna op vakantie.'

We zouden naar Zweden gaan. Mijn vader en moeder hadden een huisje gehuurd bij een meer. Het was een huisje voor vier personen.

'Moet ze dan mee?' vroeg ik. 'Moet moeder nummer nul dan ook met ons op vakantie?'

Mijn vader kneep in mijn schouder. 'Natuurlijk niet.'

'Maar het is zo raar om haar te vinden en dan meteen weg te gaan.'

Mijn moeder had meegeluisterd. 'Lieverd,' zei ze, 'zover is het nog niet. Nog lang niet.'

'En je weet nooit hoe het zal gaan,' zei mijn vader.

Jos had me verteld over moeders die gevonden werden. Soms wilden ze veel contact en soms weinig. Er waren geen vaste regels voor.

We hoefden niet lang in de wachtkamer te zitten. Jos kwam ons meteen ophalen. We liepen achter hem aan naar zijn kamer.

'Zo,' zei Jos toen we allemaal zaten. 'Fejzo, het is een spannende dag vandaag. Heb je je erg druk gemaakt?' Er lag een envelop op zijn schoot.

'Een beetje,' zei ik.

'We waren allemaal zenuwachtig,' zei mijn moeder.

'Dat begrijp ik,' zei Jos.

'Is ze gevonden?' vroeg ik.

De handen van Jos lagen op de envelop. 'Ik ga proberen het zo duidelijk mogelijk te vertellen.'

Het was een verstopte ja, dacht ik. Of een verstopte nee. Was ze nu wel of niet gevonden?

'We weten wie ze is en waar ze woont.'

Het was een ja.

'Ik heb met haar gesproken en ik heb haar over jou verteld.'

'Ja?' vroeg ik.

'Ja,' zei Jos. 'Ze was blij.'

Ik keek naar de deur. Zou ze nu binnenkomen?

Er gebeurde niets.

'Ze was blij dat je goed terecht bent gekomen,' zei Jos. 'En ze heeft veel aan je gedacht.'

Ik keek opzij naar mijn vader en moeder. Mijn vader glimlachte en mijn moeder boog zich voorover en klopte met haar hand op mijn knie. Ik slikte en ademde diep in. Eigenlijk hoorde ik nu iets tegen Jos te zeggen, maar ik moest alweer slikken. Ik kon niet meer slikken en ademhalen zonder er bij na te denken. Mijn hersens moesten nadenken over wat Jos zei, maar in plaats daarvan bemoeiden ze zich met dingen die vanzelf hoorden te gaan.

'Toen ik vertelde dat je naar haar op zoek was, werd het moeilijk,' zei Jos. 'Je moet weten dat ze veel heeft meegemaakt. Ze wilde er niet veel over kwijt, maar het is wel duidelijk dat de situatie in Bosnië...' Hij keek heel even naar mijn vader en moeder en toen weer naar mij. 'Soms duurt het lang om iets te verwerken.'

Mijn keel deed pijn van het slikken. De stem van Jos was ver weg.

'Wat is er dan gebeurd?' vroeg ik.

'Ik weet niet of we daar nu over moeten praten,' zei mijn moeder.

'We kúnnen er niet over praten,' zei Jos tegen mij. 'Ze heeft me er zo goed als niets over verteld. Maar we weten dat er in Bosnië erge dingen zijn gebeurd. Je biologische moeder was in de war en ze dacht dat ze niet voor je zou kunnen zorgen. Toen je geboren werd, was ze alleen en ze had geen vaste verblijfplaats. Ze had een hoofd vol oorlog, zo zei ze dat. Ze wilde niet dat jij daar last van zou hebben.'

'Woont ze in Nederland?' vroeg mijn moeder. 'Heeft ze nu ergens een huis?'

'Ja,' zei Jos. 'Wat haar woonsituatie betreft is alles in orde.'

'Dat is fijn,' zei mijn moeder.

'Meer kan ik er niet over zeggen,' zei Jos. 'Haar adres moet geheim blijven.'

Ik wist dat Jos niets mocht vertellen over het adres van moeder nummer nul. Hij had me dat eerder uitgelegd. Hij had me verteld hoe het meestal ging als hij een moeder zocht. Dat hij eerst moest weten wat ze wilde en dat hij niet zomaar alles over haar mocht vertellen. Maar toch was het raar: Jos wist het adres van moeder nummer nul en ik niet. Hij had met moeder nummer nul gepraat en ik niet. Hij wist al hoe moeder nummer nul eruitzag.

'Dan kan ik niet naar haar toe,' zei ik.

'Misschien vind je dit naar om te horen,' zei Jos. 'Maar ze wil je niet ontmoeten. Nog niet. Het is te moeilijk. Later wel, heeft ze gezegd, als zij zich beter voelt en jij iets ouder bent.'

'Waarom?' vroeg ik.

'Omdat ze tijd nodig heeft,' zei Jos. 'Omdat ze moet nadenken en omdat je bij het verleden hoort, zei ze. En het verleden is nog te dichtbij. Snap je dat?'

'Een beetje,' zei ik.

'We praten er later nog wel over,' zei Jos. 'Het spijt me. Misschien is het niet het antwoord waar je op gehoopt had.'

'Nee,' zei ik, maar ik wist eigenlijk niet zo goed waar ik op gehoopt had.

'Het is een bijzondere situatie,' zei Jos. 'Ze zegt geen ja en geen nee. Ze zegt ja, maar nu nog niet. Of nee, maar straks wel.' Hij pakte de envelop van zijn schoot. 'Dit heeft ze me gegeven. Het is voor jou.'

Ik nam de envelop aan en bleef ermee in mijn handen zitten.

'Het is een foto,' zei Jos. 'Je mag hem mee naar huis nemen of meteen bekijken. Wat voor jou het beste is.

We kunnen je even alleen laten als je daar behoefte aan hebt.'

'Of juist bij je blijven,' zei mijn moeder.

'Mag ik even weg?' vroeg ik.

'Weet je het zeker?' vroeg Jos. 'Gaat dat lukken?'

Mijn moeder schoof haar stoel opzij. 'Toe maar.'

Ik liep langs de wachtkamer en sloeg een hoek om. Er was een koffieautomaat en daarnaast stond een houten bank. Ik ging zitten en scheurde de envelop open. Voorzichtig haalde ik de foto tevoorschijn.

21

Ze leek op me.

Nee, het was natuurlijk anders: ik leek op háár.

Ze had honing-ogen. Bruin, maar niet bruin genoeg. Alsof de ogenkleur bijna op was toen ze werd gemaakt. Ze had halflang haar, iets donkerder dan dat van mij. Een mond waarmee ze een klein beetje lachte, alsof ze niet zeker wist of ze dat wel wilde.

Aan haar hoofd was niet te zien dat het vol oorlog zat. Maar Jos zou wel gelijk hebben. Ze moest nadenken, had hij gezegd. Ze had tijd nodig. Misschien had ze niet alleen een hoofd vol oorlog. Misschien had ze ook mijn hersens. Of ik die van haar. Hersens die alle kanten op dachten en niet meteen een antwoord konden geven. Hersens die er een beetje langer over deden.

Ik stak mijn hand in de envelop. Ik hoopte dat er een brief in zat, maar de envelop was leeg. Ik draaide de foto om. Op de achterkant was met een potlood iets geschreven: *Voor Fejzo van A.*

Dat was alles. Geen naam, alleen A.

Ik draaide de foto nog een keer om en keek naar het gezicht van moeder nummer nul. Voor de allereerste keer leek ik op iemand. Ik keek naar de foto en tegelijkertijd een beetje naar mezelf.

Mijn keel prikte. En daarna mijn ogen. Ik dacht aan alle vreselijke dingen die ik had bedacht: moeder nummer nul met een mes in het park, moeder nummer nul met deinende borsten in de trein en moeder nummer nul die zich nooit waste omdat ze de hele dag aan het schilderen was.

Ik wist hoe ik haar moest noemen: moeder A. Moeder A was beter dan moeder nummer nul.

22

Ik ging met mijn vader en moeder mee naar huis. Dit keer reed mijn vader en zat ik met mijn moeder op de achterbank.

Mijn moeder keek naar de foto. 'Ach,' zei ze. 'Wat lijk je op haar.'

'Raar hè?' zei ik.

Mijn moeder schoof de foto in de envelop. 'Was het erg schrikken?'

Ik haalde mijn schouders op.

'En nu wil ze je niet ontmoeten. Je wist dat zoiets kon gebeuren, maar toch...'

Ik keek uit het raam.

'Alles goed daar achterin?' vroeg mijn vader.

'Ja hoor,' zei ik.

'Je mag best verdrietig zijn,' zei mijn moeder.

'Ik ben niet verdrietig,' zei ik.

Ze gaf me een zoen.

Thuis nam ik de foto mee naar mijn kamer. Ik wist niet goed wat ik ermee moest doen. Een foto hoor je neer te zetten of op te hangen zodat je ernaar kunt kijken. Iedere keer als ik het hoofd van moeder A zag ging mijn hart een beetje sneller slaan. Van schrik en verbazing en van onwennigheid. Dat wilde ik niet de hele tijd. Het hoofd van moeder A was een hoofd om af en toe te bekijken. En stel je voor dat de foto in mijn kamer hing. Dan kon iedereen hem zien. Als er iemand op bezoek kwam moest ik uitleggen wie moeder A was. En als mijn moeder kwam stofzuigen zag ze een andere moeder.

Op mijn bureau lag het beestenboek. Ik sloeg het open, de laatste pagina's waren nog leeg. Ik pakte mijn tube lijm en smeerde het bovenste randje van de foto in. Alleen het bovenste randje, want ik wilde de letters van moeder A niet beschadigen. Ik plakte de foto op de eerste lege pagina. Ik schreef er niets bij, dat was niet nodig.

Nu was het beestenboek geen beestenboek meer. Ik bladerde: *De haas* van Dürer, *Het puttertje* van Fabritius, *De pissende koe* van Nicolaes Berchem en alle andere kaarten die ik had ingeplakt. Bijna aan het eind de dode vissen en *De eekhoorn* van Hans Hoffmann. En dan opeens het hoofd van moeder A. Er klopte niets meer van. Maar ik vond het niet erg.

Halverwege de middag kwam Bing mijn kamer binnen.

'Mag het?' vroeg ze.

'Je bent toch al binnen,' zei ik.

Ze ging op mijn bed zitten. 'Ik vind het zo lullig,' zei ze.

'Het valt wel mee.'

'Niet.'

'Hoe weet jij nou of het meevalt of niet?'

Bing zuchtte. 'Ben je niet boos?'

'Op wie?'

'Op je moeder,' zei Bing. Ze leunde achterover met haar hoofd tegen de muur.

Ik was niet boos.

'Wat ga je nu doen?'

'Niets,' zei ik.

Het was waar. Ik ging niets doen. Ik hóéfde niets te doen. Niets! Moeder A wilde me niet ontmoeten. Het was nog te moeilijk had ze tegen Jos gezegd. Er was iets wat ik niet aan Bing kon uitleggen: moeder A had gelijk. Het was nog te moeilijk. En omdat het nog te moeilijk was werd alles nu een stuk gemakkelijker. Ik hoefde niet meer na te denken over wat ik tegen moeder A moest zeggen. Ik hoefde niet meer na te denken over wat ik moest doen. Niet meer over alle dingen die wel of niet zouden kunnen gebeuren. Er was zoveel wat ik nu niet meer hoefde.

'Wat zit je te grijnzen?' zei Bing.

'Zomaar,' zei ik.

Moeder A zou wel weten hoe het verder moest. Later. Later was nog ver weg.

Uitgeverij Querido stelt alles in het werk om op milieuvriendelijke en duurzame wijze met natuurlijke bronnen om te gaan. Bij de productie van dit boek is gebruikgemaakt van papier dat het keurmerk van de Forest Stewardship Council (FSC) mag dragen. Bij dit papier is het zeker dat de productie niet tot bosvernietiging heeft geleid.